Muito além do arco-íris

Dados Internacionais de Catalogação na Publicação (CIP)
(Câmara Brasileira do Livro, SP, Brasil)

Borges, Klecius
  Muito além do arco-íris : amor, sexo e relacionamentos na terapia homoafetiva / Klecius Borges. – São Paulo : GLS, 2013.

  ISBN 978-85-86755-77-4

  1. Amor 2. Companheiros homossexuais 3. Homossexualidade 4. Intimidade (Psicologia) 5. Relações interpessoais I. Título.

13-03279   CDD-158.2

Índice para catálogo sistemático:
1. Amor : Relações interpessoais : Psicologia aplicada 158.2

www.edgls.com.br

Compre em lugar de fotocopiar.
Cada real que você dá por um livro recompensa seus autores
e os convida a produzir mais sobre o tema;
incentiva seus editores a encomendar, traduzir e publicar
outras obras sobre o assunto;
e paga aos livreiros por estocar e levar até você livros
para a sua informação e o seu entretenimento.
Cada real que você dá pela fotocópia não autorizada
de um livro financia o crime
e ajuda a matar a produção intelectual de seu país.

Muito além do arco-íris

amor, sexo e relacionamentos
na terapia homoafetiva

Klecius Borges

MUITO ALÉM DO ARCO-ÍRIS
Amor, sexo e relacionamentos na terapia homoafetiva
Copyright © 2013 by Klecius Borges
Direitos desta edição reservados por Summus Editorial

Editora executiva: **Soraia Bini Cury**
Editora assistente: **Salete Del Guerra**
Capa: **Buono Disegno**
Imagem da capa: **Kudryashka/Shutterstock**
Projeto gráfico e diagramação: **Crayon Editorial**

1ª reimpressão, 2022

Edições GLS

Departamento editorial
Rua Itapicuru, 613 – 7º andar
05006000 – São Paulo – SP
Fone: (11) 3872-3322
http://www.edgls.com.br
e-mail:edgls@edgls.com.br

Atendimento ao consumidor
Summus Editorial
Fone: (11) 3865-9890

Vendas por atacado
Fone: (11) 3873-8638
e-mail: vendas@summus.com.br

Impresso no Brasil

A Rodnei Tiago,
querido companheiro
e parceiro na emocionante
aventura da vida a dois.

Quem ama inventa as coisas a que ama...

MARIO QUINTANA

Sumário

Introdução	11
PARTE 1 **Terapia**	13
Felizes para sempre	14
O medo de amar	18
O gênero ao quadrado	22
Monogamia e exclusividade sexual	26
A identidade dividida	30
Asas do desejo	36
A dor da traição	41
Dinâmicas perversas	46
Quando o amor acaba	51
Só e feliz	55
Quando um não quer	60
Quando uma não quer	65
Amores plurais	70
Quando contar	75
Luto sem fim	80
Só com machos	86

PARTE 2 **Outras narrativas** 91

Atração fatal 92

Ninguém quer nada sério 95

Só os maduros 98

Mar de ressentimentos 101

Quando o tesão acaba 105

Introdução

Em minha prática clínica, predominantemente voltada para gays, lésbicas, bissexuais e seus familiares, as questões sobre relacionamentos são talvez as mais frequentes. Acredito não ser muito diferente em outras clínicas, mas no meu caso há uma particularidade: gays, lésbicas e bissexuais, ao contrário dos heterossexuais, não encontram nas livrarias, no cinema ou na televisão muitas referências ou representações sobre a natureza de seus relacionamentos – que, por razões óbvias, têm características e desafios bastante diferentes daqueles que seguem a heteronormatividade.

Por mais que certas questões relacionais sejam comuns a todos os indivíduos e casais, afirmar que casais são casais, não importando sua orientação e identidade sexual, é no mínimo um reducionismo. Para mim, essa atitude é inaceitável.

Essa afirmação desconsidera as dinâmicas psíquicas e sociais envolvidas nas vivências e experiências de indivíduos e casais submetidos a uma cultura não apenas heteronormativa, mas muitas vezes opressora e dominada, ainda hoje, por práticas e atitudes fortemente discriminatórias.

Questões como autoaceitação, visibilidade social, homofobia, visão patológica da sexualidade e preconceito em relação ao casamento entre pessoas do mesmo sexo e à homoparentalidade, entre outras, além de específicas desse grupo, carregam em si um elevado teor emocional que requer, a meu ver, uma escuta distinta.

Já as questões ligadas à afetividade e à sexualidade, propriamente ditas, embora comuns a todos, não importando a orientação sexual, neste grupo apresentam peculiaridades, dilemas e desafios próprios de uma natureza de relacionamento fundada na duplicidade de gênero. Porém, por falta de modelos aceitos e reconhecidos no âmbito social, tais indivíduos se espelham ainda nos padrões e modelos heterossexuais.

Os casos aqui relatados são, por razões didáticas, uma mistura de histórias e de pacientes e, portanto, não se referem a nenhum indivíduo real em particular. Os nomes e as idades também são fictícios. É importante destacar que os textos da segunda parte desta obra foram publicados na revista *G Magazine*.

Terapia

PARTE 1

"*Pois os olhos são os espiões do coração. E vão investigando o que agradaria a este possuir. E quando entram em pleno acordo e, firmes, os três em um só se harmonizam, nesse instante nasce o amor perfeito.*"

GUIRAUT DE BORNEILH

Felizes para sempre

Não sei o que aconteceu conosco. No início do nosso relacionamento, não conseguíamos nos desgrudar um do outro. Parecia que eu tinha finalmente encontrado minha cara-metade, como se tivéssemos sido mesmo feitos um para o outro. Depois de alguns anos, fomos nos estranhando e nos afastando mais e mais. Tudo que no começo parecia nos ligar passou a ser motivo de brigas e de conflitos. Como pudemos deixar de nos amar e nos tornarmos dois estranhos? Onde foi que erramos?

LUCIANO, 34 ANOS

■ Luciano não está sozinho na dor de sua frustração. Como a maioria de nós, passou a vida acreditando que bastava encontrar sua cara-metade para ser feliz para sempre. Viu no cinema e nas novelas o final feliz reservado a todos aqueles que se dedicam, com afinco e determinação, a fazer dar certo um encontro que imaginam não ser fruto do acaso, mas sim de um destino traçado pelos deuses.

A ideia de uma alma gêmea que vaga, assim como a nossa, em busca da completude, carregando em si o poder de satisfazer todas as nossas necessidades emocionais, sexuais e espirituais, está na raiz de grande parte da frustração e da sensação de fracasso que sentem muitos indivíduos que chegam ao consultório psicológico.

A queixa do Luciano reflete não apenas sua frustração com o relacionamento que esfriou, mas, sobretudo, sua profunda perplexidade diante de uma realidade imponderável para a qual não estava preparado. Para ele, o projeto de conjugalidade, longamente arquitetado e aguardado com ansiedade, fracassou de forma inesperada, sem que ele consiga articular de modo claro os verdadeiros motivos do fracasso.

O que aconteceu com Luciano e seu companheiro ocorre todos os dias com homens e mulheres, héteros e gays. Quando nos apaixonamos, projetamos sobre o outro nossas fantasias, expectativas, esperanças em relação ao amor e à vida a dois e também nossos sonhos. Fazemos do outro uma espécie de cabide emocional, cuja missão principal é vestir perfeitamente nossa imagem idealizada do ser amado. Entretanto, para que essa tarefa seja cumprida de forma adequada, é preciso que deixemos de lado certos aspectos e particularidades do outro que não se encaixam no figurino idealizado.

À medida que o relacionamento avança e a intimidade se aprofunda, esses aspectos, que no início pareciam irrelevantes e menores, adquirem um peso maior. A paixão, fundada nas projeções inconscientes e no desejo de encontrar o outro perfeito, cede lugar então a uma realidade concreta, na qual as pequenas ou grandes diferenças que antes eram fonte de atração se transformam em intermináveis conflitos.

Para alguns casais, talvez os menos contaminados pela ideia da alma gêmea e do amor eterno, essa é uma fase de grande riqueza e aprofundamento emocional. Ao retirar do outro as projeções que cegam e iludem, são capazes de descobrir nele um ser real, com qualidades e defeitos, características e particularidades que o tornam mais interessante, instigante e atraente. Portanto, ao abandonar a idealização e as fantasias de completude, abrem-se para a descoberta mútua, o que se mostra extremamente criativo e produtivo. As diferenças e os conflitos passam a ser vistos como uma oportunidade para o crescimento do casal e o aprofundamento da relação.

Em nosso trabalho, Luciano e eu pudemos analisar com cuidado o que de fato havia acontecido para que ele e seu companheiro pouco a pouco se afastassem e passassem a viver como dois estranhos, como ele mesmo descreveu seu relacionamento no nosso primeiro encontro. Descobrimos que, embora se amassem e se desejassem sexualmente, na verdade tinham poucas afinidades e interesses comuns. Para que o relacionamento que idealizaram desse certo, eles passaram boa parte do tempo tentando mudar a visão de mundo e os valores pessoais um do outro. Em vez de construir um projeto que atendesse as necessidades e os desejos de ambos, e no qual coubessem suas singularidades, dedicaram-se a provar, para si mesmos e para os outros, que o amor que sentiam (ou acreditavam sentir) um pelo outro seria suficiente para fazer a relação prosperar. Consequentemente, a causa do sofrimento se deu tanto pela deterioração do relacionamento concreto, que vinha se esvaindo de sentido, quanto pela perda da ilusão que ambos alimentaram por tanto tempo.

Para Luciano e seu companheiro, a ideia de que o amor é soberano e bastaria encontrar o outro certo para ser felizes para sempre encobriu uma realidade de diferenças e desencontros que, em vez de aproximá-los, acabou por separá-los física e emocionalmente. Agora, eles lutam para tentar recuperar, de alguma forma, o que um dia pareceu ser a possibilidade de realização afetiva, emocional e sexual que tanto desejavam.

Se decidirem permanecer juntos, Luciano e seu companheiro terão pela frente um árduo trabalho psicológico. Deverão rever suas expectativas sobre o outro e sobre o próprio relacionamento, reavaliar os valores e as metas que nortearam seu projeto de vida a dois e, sobretudo, abrir mão de certas verdades e certezas que os mantiveram numa disputa sem fim por todos esses anos.

Terão de mudar a perspectiva através da qual enxergam suas diferenças, reconhecendo nelas seu valor criativo. Um novo olhar deverá surgir, menos contaminado por fantasias e projeções e mais sintonizado com um futuro construído na alteridade e não na dependência mútua.

O medo de amar

É sempre a mesma coisa. Interesso-me por um cara que de início parece ter tudo aquilo que espero de um parceiro para a vida toda. Dois meses depois, três, no máximo, perco todo o interesse por ele. Vou me afastando emocionalmente, ficando frio e sem tesão. Às vezes, não consigo nem mesmo terminar como deveria e acabo fazendo isso por e-mail ou torpedo. Não sei por que sou assim.

JOCA, 42 ANOS

■ O relato de Joca, por mais surpreendente que possa parecer, é bastante comum na clínica psicológica. Muitos homens gays, de diferentes idades e estratos sociais, se queixam da dificuldade de manter um relacionamento amoroso sério por um período maior do que alguns meses.

Enquanto alguns, assim como Joca, conseguem identificar em si mesmos a raiz da dificuldade e se perguntam o porquê desse padrão recorrente, a maioria se contenta em apontar os outros, e o "mundo gay" de forma geral, como responsáveis por seu infortúnio.

Para eles, há sempre algo de errado ou inadequado no parceiro que o torna menos desejável ou compatível com o projeto de relacionamento que desenhou para si. O resultado é uma repetição sem fim de um padrão que encerra grande frustração e certa hostilidade difusa dirigida aos gays em geral e aos casais em particular. Suas falas costumam ser recheadas de afirmações como: "Relacionamentos gays não duram mesmo", ou "Gays só pensam em sexo". Assim justificam seu fracasso, aplacam sua frustração e, sobretudo, se eximem de questionar os verdadeiros motivos pelos quais não conseguem, ou não desejam de fato, estabelecer um relacionamento profundo com outro homem gay.

Embora a dificuldade de amar seja relativamente comum entre homens em geral, ela aparece de forma mais intensa e frequente no universo dos homens gays. Isso se dá por uma série de fatores, direta ou indiretamente associados ao que chamamos em geral de homofobia. A homofobia de que falamos aqui é o conjunto de representações simbólicas negativas e degradantes da homossexualidade, em suas diversas manifestações, assim como das ações concretas de opressão, discriminação e exclusão social a que são submetidos os homossexuais ao longo da vida.

Em consequência desse processo contínuo e sistemático de opressão social, homens gays crescem sem espelhos que reflitam positivamente sua qualidade de amor e, portanto, não têm a possibilidade de se imaginar num relacionamento conjugal que lhes ofereça o continente afetivo pelo qual sua alma anseia. Estimulados e, de modo perverso, induzidos pela sociedade a viver uma vida marginalizada, muitas vezes associam sua inclinação homoerótica a uma sexualidade desvinculada, ou seja, sem os vínculos que conduzem à intimidade amorosa. Enquanto suas fantasias relacionais, alimentadas pelo imaginário heterocentrado, costumam se fixar de forma idealizada no relacionamento homem e mulher, suas fantasias eróticas e pulsões sexuais se dirigem a outros homens. Está criada aí a cisão interna que mais tarde se tornará o mais grave empecilho à realização do sonho de estabelecer relacionamentos íntimos de profundidade amorosa.

O trabalho proposto a Joca e a tantos outros que se queixam da mesma dificuldade teve como objetivo levá-lo a perceber até que ponto essas imagens fortemente incrustadas no seu inconsciente são na realidade um forte determinante da sua forma de enxergar e de atuar no campo relacional. Em vez de se concentrar apenas nas dificuldades do mundo externo, o mundo dos outros gays, ele terá de confrontar suas limitações pessoais e mudar sua perspectiva psíquica. Em outras palavras, ele precisa começar a se imaginar amando, se envolvendo emocionalmente e se permitindo desenvolver mais intimidade com outro homem.

Claro que essa não é uma tarefa fácil, pois no imaginário coletivo, tanto de héteros quanto de gays, a homoafetividade ainda é vista como um conjunto de atrações puramente sexuais. Para muitos, é uma prática sexual ou mesmo um estilo de vida no qual a sexualidade é o mais importante – senão o único – vetor. Para esses, a afetividade, o romance, a intimidade e o anseio pela conjugalidade são privilégios das relações entre homens e mulheres. Vem daí a afirmação, muito comum entre aqueles que se julgam abertos às relações homossexuais, de que "O que eles ou elas fazem na cama não me interessa", além de, obviamente, a grande resistência que o chamado casamento gay ainda desperta em grande parcela da sociedade.

Entre as várias sugestões que ofereci a Joca para ajudá-lo a mudar sua perspectiva em relação à possibilidade concreta de se envolver afetivamente e com profundidade com outro homem estavam o contato com outros gays que vivem relações estáveis, grupos que reúnem pais, mães e famílias homoafetivas e, também, o contato com filmes, series de tevê e mesmo algumas novelas que, ainda que timidamente, apresentam modelos de relacionamento homoafetivo fora dos estereótipos sociais.

Joca e eu sabemos que o processo de mudança psíquica que permite desativar padrões de percepção tão antigos e profundos, tanto no nível pessoal quanto no coletivo, é demorado e complexo. Não se faz apenas com a consciência, mas também com a coragem de enfrentar as enormes dificuldades e, sobretudo, com muita determinação.

Depois de aproximadamente um ano de trabalho, Joca está bastante otimista. Ainda tem altos e baixos, resistências eventuais e precisa de muito trabalho psicológico. Neste momento, ele está se relacionando seriamente com outro homem há quase seis meses, e parece de fato gostar dele.

O gênero ao quadrado

Sara e eu completaremos cinco anos de relacionamento. Logo que nos conhecemos decidimos morar juntas e assumir nossa relação para amigos e família. Nos amamos muito, gostamos das mesmas coisas, nos damos superbem na cama, mas brigamos o tempo todo pelos motivos mais variados. Nos últimos dois anos, nossas brigas, além de muito frequentes, tornaram-se mais intensas e já não conseguimos nos segurar nem mesmo diante de amigos ou familiares. Alguns deles já começaram até mesmo a nos evitar. Temos muito ciúme uma da outra e vivo com medo de perdê-la.

SUELI, 34 ANOS

■ Sueli e Sara parecem encenar um drama muito comum nas relações entre duas mulheres. De um lado, há uma espécie de fusão instantânea. Apaixonam-se à primeira vista, se reconhecem nos gostos similares e desejos e rapidamente decidem se unir. Do outro, tendem a se recolher do mundo exterior, criando de imediato uma intimidade entre si difícil de se penetrar – até mesmo para os mais próximos.

Durante certo período desfrutam de uma relação quase simbiótica, da qual extraem grande parte da satisfação de suas necessidades afetivas e emocionais, negligenciando outras fontes de convívio social e familiar e se entregando à construção de um ninho acolhedor e quase autossuficiente.

Com o passar do tempo, em muitos casos, essa vivência simbiótica extremamente prazerosa começa a dar lugar a uma sensação amarga de constrangimento, tolhimento e sufocamento pessoal. Começam as cobranças mútuas, os ciúmes, as disputas e as exigências, agora irrealistas. O que era confortável e seguro se transforma em aprisionamento e limitação.

E é aí que os sintomas descritos por Sueli passam a surgir de forma mais evidente. Entre eles, além das brigas frequentes e de tom fortemente emocional, costuma haver um declínio no desejo sexual do casal, o que provoca desconfianças, fantasias e acusações de possíveis traições. Nessa fase, ficam hipervigilantes e supersensíveis a qualquer situação que fuja ao controle. Em muitos casos, podem se tornar hostis e até mesmo agressivas uma com a outra.

A frustração de não terem mais todas as suas necessidades plenamente atendidas pela companheira, aliada à percepção de que os aspectos negligenciados no início do relacionamento reaparecem com forte carga emocional negativa, tornam a convivência do casal muito difícil. Muito frequentemente, atingem o ponto no qual não conseguem mais viver juntas em paz, mas também não conseguem se separar.

Em nosso trabalho em conjunto, Sueli e eu nos debruçamos sobre a matriz psicológica a partir da qual ela desenhou, ao longo dos anos, seu "mapa do amor", ou seja, que imagens, ideias, fantasias e pensamentos constituem o material psicológico que ela deposita e projeta no ser amado. Esse material é obviamente formado por suas experiências e vivências pessoais, mas também muito influenciado pelos mitos familiares e culturais que fizeram parte de sua criação. Descobrimos, por exemplo, que em sua família as mulheres são incentivadas a se dedicar aos maridos e aos filhos, mesmo que tenham de sacrificar desejos e ambições pessoais. Não há separações ou divórcios de entes próximos e "fazer dar certo" o casamento é o valor supremo para as mulheres da família. Elas se portam como verdadeiras leoas, podendo se tornar possessivas e invasivas se algo ou alguém ameaça seu bem maior.

Embora tenha se percebido homossexual e escolhido uma mulher para construir seu futuro conjugal, Sueli manteve a programação familiar. Ao encontrar Sara, que parecia preencher todas as condições necessárias para se tornar sua companheira de vida, ela se imbuiu da tarefa para a qual fora preparada desde pequena. Abriu mão de desejos, abandonou projetos "menores", deixou de lado amigos e amigas e mergulhou de cabeça na construção do seu ideal. Funcionou por um tempo; porém, ao se casar com outra mulher, Sueli encontrou uma dificuldade que os casais heterossexuais não enfrentam: a duplicação do gênero. Ainda que Sara tenha uma personalidade distinta e venha de uma família muito diferente da de Sueli, como mulheres, elas compartilham valores e crenças culturais que reforçam a ideia do feminino que só se realiza no casamento. Mesmo não se conformando à identidade sexual heterossexual majoritária, ambas reproduzem de modo inconsciente o padrão relacional de gênero dominante, adotado e continuamente reforçado pela cultura heterocentrada na busca da realização amorosa conjugal.

Apesar de reconhecerem o altíssimo custo emocional a que estão submetidas nessa dinâmica relacional, Sueli e Sara não conseguem encarar a possibilidade de romper. Se, por um lado, admitem que não se sentem felizes brigando, por outro, acreditam que o fato de se amarem as obriga a encontrar uma maneira de ficar juntas de uma forma mais saudável.

O trabalho que viemos desenvolvendo tem levado Sueli a aumentar sua consciência sobre os efeitos produzidos pelo modelo relacional internalizado nas suas escolhas e na dinâmica que estabeleceu com Sara. Ela tem refletido sobre as necessidades que se obrigou a negligenciar em nome do projeto conjugal e sobre como poderia satisfazê-las sem ameaçar seu relacionamento. Tem também procurado analisar suas diferenças com Sara de uma nova perspectiva, de modo que essas diferenças possam ser reconhecidas, aceitas e valorizadas em vez de neutralizadas, como vinham fazendo. Sueli já compreendeu que anular-se e esperar que Sara, em nome do amor, também se anule é uma estratégia suicida. Sua tarefa, no momento, é mudar sua atitude psicológica e tentar fazer que Sueli também mude a dela.

Monogamia e exclusividade sexual

Não tenho dúvidas sobre o amor que sinto por meu companheiro nem sobre meu desejo de manter nosso relacionamento por toda a vida. Somos muito felizes e me sinto alimentado emocional e afetivamente por ele. Porém, não consigo ser fiel sexualmente. Prometo a mim mesmo que não o trairei, mas acabo traindo e depois me sentindo culpado e cheio de remorsos. Não sei como resolver esse dilema.

TONI, 29 ANOS

■ O dilema de Toni é de longe o dilema mais frequente na clínica psicológica voltada para homens gays. Esse conflito, entre o desejo de buscar se ajustar à norma social da exclusividade sexual nos relacionamentos estáveis e o desejo por outros homens que brota de forma aleatória e espontânea, é o principal responsável por grande parte do sofrimento psíquico dos homens gays que chegam ao consultório.

Criados numa cultura heterocentrada, na qual o casamento monogâmico representa o modelo saudável de relacionamento, e a não exclusividade sexual é tratada como traição, passível de várias penalidades, inclusive o divórcio, é natural que os homens gays (assim como os héteros) internalizem esse modelo como o padrão a ser respeitado.

Entretanto, se para a maioria dos homens héteros seguir esse modelo não é lá uma tarefa muito fácil, para os homens gays, em particular, ela costuma ser bem mais complicada. Primeiro, porque os homens, por razões de natureza tanto biológica quanto cultural, tendem a vivenciar sua sexualidade de forma mais livre e menos associada a vínculos afetivos. Nesse caso, com o agravante de que são dois homens se relacionando.

Segundo, porque não há no relacionamento entre gays o risco de uma gravidez, nem a expectativa de casamento, o que faz que esses relacionamentos tendam a ser mais casuais e o descompromisso seja frequentemente visto como natural e desejado por ambos os parceiros.

Além disso, a própria cultura gay que se desenvolveu nos centros urbanos em torno de locais e estabelecimentos voltados para encontros casuais e o advento e a expansão da internet aumentaram exponencialmente as oportunidades para os encontros de ordem puramente sexual, sem qualquer tipo de comprometimento. E a internet, é bom lembrar, fornece acesso instantâneo, barato e anônimo a todo tipo de desejo e prática sexual.

Toni, ao enfrentar seu dilema entre um querer que responde a uma expectativa social internalizada – e assumida de forma implícita com seu companheiro – e seu desejo, que vive a lhe pregar peças e a lhe causar grande sofrimento, terá de encontrar uma solução tal que lhe permita integrar querer e desejo de uma forma menos angustiante.

Como sabemos, sentimentos de angústia estão diretamente relacionados a conflitos ou dores psíquicas não resolvidas e, portanto, tendem a desaparecer ou ser bastante reduzidos assim que alguma escolha é feita. Ou então quando uma saída criativa, como uma nova elaboração do conflito, é produzida, gerando uma nova atitude psicológica.

Infelizmente, não há receita nem fórmula pronta para pôr fim ao dilema de Toni. Mas há, por outro lado, diversas possibilidades que podem ser exploradas e analisadas, levando-se em conta tanto os fatores objetivos quanto os subjetivos de sua psicologia. Caso ele queira, por exemplo, compartilhar com o companheiro seu dilema, sua angústia e sua culpa por não estar agindo lealmente, poderá dividir com ele a tarefa de tentar encontrar uma saída criativa que preserve e aprofunde o relacionamento, alivie seu sofrimento e o faça amadurecer.

Se essa for sua decisão, terá de enfrentar seus medos e sua ansiedade e correr os riscos da revelação, que o deixará exposto diante do companheiro e poderá lhe trazer também consequências muito negativas, como o fim do relacionamento. Entretanto, se for bem-sucedido na sua proposta de trazer à luz o que vive escondido, poderá se surpreender com a reação do companheiro e, quem sabe, iniciar uma nova etapa no relacionamento entre eles, mais honesta, mais verdadeira e realista.

Nesse caso, é necessário conversar honesta e abertamente sobre seus medos, inseguranças, vulnerabilidades, desejos, fantasias, expectativas e necessidades reais. Poderão discutir e examinar com seriedade conceitos como monogamia emocional e exclusividade sexual, assim como modelos de relacionamento aberto, fechado, misto etc. Além disso, deverão decidir juntos o que é melhor e mais adequado para eles nessa fase do relacionamento.

Contudo, se Toni não se sentir confortável nem preparado para compartilhar seu dilema, terá pela frente um grande desafio: aprender a conviver com o conflito de forma menos angustiada, aceitando, sustentando e lidando melhor com seus sentimentos de culpa. Muitos gays, assim como héteros, resolvem essa questão internamente com elaborações psicológicas produzidas de pontos de vista mais libertários, racionalizações que propõem distinções sutis entre princípios como lealdade e fidelidade, diferenças entre mentira e omissão ou mesmo com platitudes como "o que os olhos não veem o coração não sente". Essas elaborações funcionam em geral como um salvo-conduto para uma vida mais livre, menos angustiada e culpada.

Cabe a Toni decidir agora o que fazer.

A identidade dividida

Conheci o Júlio por meio de amigos comuns e achei de início que teríamos apenas uma aventura. Porém, depois de uns três ou quatro encontros, percebi que estava me apaixonando e fantasiando um relacionamento de verdade com um homem pela primeira vez em minha vida. Embora haja uma diferença de 15 anos entre nós, nos entendemos muito bem, temos interesses comuns, muitas afinidades, valores familiares parecidos e uma grande química sexual. Planejamos viver juntos, mas como não tenho coragem de revelar aos meus filhos minha homossexualidade não posso dar esse passo que desejamos tanto. Júlio, talvez por ser bem mais jovem, não aceita minha tibieza e vive me pressionando, o que acaba gerando brigas e conflitos entre nós. Tenho muito medo de perdê-lo, mas mais medo ainda de não ser aceito por meus filhos.

CARLOS, 49 ANOS

■ Carlos enfrenta um conflito muito comum entre homens gays de gerações anteriores. Por não poder se assumir homossexual quando jovem, acabou se casando e tendo dois filhos, um menino e uma menina, hoje adultos. Durante seu casamento, que durou até sete anos atrás, Carlos viveu sua homossexualidade de forma eventual, por meio de encontros casuais em saunas, durante as viagens a trabalho e com garotos de programa.

Após a separação, decidiu assumir uma nova vida, começando a frequentar clubes, fazendo novos amigos e se envolvendo mais profundamente com outros homens que conhecia nos sites de encontro na internet. Embora tenha se revelado para alguns amigos muito próximos, não revelou sua nova identidade à família, aos parentes e aos colegas de trabalho. Passou a ser visto como um homem solteiro, que não quer compromisso amoroso sério e decidiu simplesmente aproveitar a vida.

Carlos mantém uma ótima relação com a ex-mulher, sendo muito próximo dos filhos. Eles se veem com frequência e ele acompanha de perto a vida escolar, profissional, social e amorosa da família. Moram relativamente perto, o que facilita a intimidade familiar, mas também o torna vulnerável em relação à sua vida privada. É um ótimo pai e um ex-marido atencioso e cuidadoso com as necessidades da mãe dos seus filhos.

Até conhecer Júlio, Carlos não tinha nenhum conflito aparente com sua identidade dividida. Como seus relacionamentos não eram sérios, não duravam muito e tinham natureza predominantemente sexual, não havia por que se preocupar. Ele conseguia lidar com ambas as identidades de forma bem eficaz, mantendo-se assim na zona de conforto. Ainda que expressasse, vez ou outra, o desejo de encontrar um companheiro, cuidava para que esse desejo não se tornasse forte o bastante para fazê-lo enfrentar o conflito de identidades.

Com a chegada de Júlio, tudo mudou. Isso o trouxe à terapia. Se por um lado deseja estabelecer com ele um relacionamento estável, compartilhando não apenas seu amor e sua sexualidade, mas também sua vida cotidiana, por outro teme que sua família – sobretudo seus filhos – não o aceitem e deixem de amá-lo e respeitá-lo como pai. O medo de Carlos é, sem dúvida, o mais comum entre os homens gays que foram pais por meio de casamentos heterossexuais.

O dilema de Carlos é compreensível e requer muito cuidado ao ser abordado. Ainda que seu medo possa ser um tanto quanto desproporcional em relação ao perigo real, não se pode menosprezá-lo. Afinal, por mais que tenhamos caminhado como sociedade quanto às questões da diversidade sexual, estamos ainda muito longe de aceitar com a devida naturalidade a realidade das famílias homoafetivas. Mesmo sendo seus filhos jovens adultos que provavelmente convivem com amigos ou conhecidos gays, que não parecem demonstrar qualquer preconceito evidente, não há nenhuma garantia de que serão receptivos à situação do pai.

Por outro lado, as demandas de Júlio não têm nada de absurdas ou irrealistas. Aos 32 anos de idade, sem empecilho em sua vida pessoal, familiar ou profissional, ele deseja legitimamente assumir de fato o relacionamento que vem mantendo com Carlos há quase dois anos. Para ele, o problema não está em compartilhar Carlos com a família; ao contrário, está em não poder integrar-se a essa outra realidade dele. Ou seja, além de não poder aparecer para a família de Carlos, tendo de se esconder em determinadas circunstâncias, também não pode participar, com seu companheiro, de ocasiões familiares simbolicamente importantes, tais como datas festivas, comemorações e momentos de perda ou dor. A frustração de Júlio é real e não pode ser deixada de lado na equação que cabe a Carlos resolver.

O foco inicial do trabalho com Carlos foi a análise de seus medos e fantasias negativas quanto ao que poderia acontecer caso decidisse contar a seus filhos sobre Júlio. Fomos lentamente trabalhando essas imagens, analisando alguns sonhos recorrentes nos quais se via em situações labirínticas e discutindo de maneira racional possíveis cenários diferentes de desfecho para o conflito. Nesse sentido, alguns dos seus sonhos foram muito úteis, pois apresentaram saídas simbólicas criativas que indicavam um prognóstico bastante positivo.

Com o tempo, Carlos foi se sentindo mais confortável com a ideia e até mesmo demonstrando certa ansiedade em resolver a questão para poder se sentir inteiro e verdadeiro. Reconheceu a demanda de Júlio como legítima e se comprometeu a trabalhar para atendê-la num futuro próximo. Com essa atitude, Júlio aliviou a pressão sobre ele e as brigas praticamente terminaram, pois não havia dúvidas de que ambos agora desejavam o mesmo objetivo e caminhavam rumo a ele. Reduzindo a insegurança de Júlio, Carlos se sentiu apoiado de forma mais intensa por ele e, em consequência, mais autoconfiante e otimista.

A segunda parte do nosso trabalho adquiriu um caráter mais educativo, por assim dizer, pois se concentrou em estimulá-lo a ler artigos e livros sobre homoparentalidade que abordam exatamente as questões enfrentadas por ele. Sugeri também que ele identificasse e procurasse conhecer outros homens que passaram pela mesma situação, inclusive um grupo de pais gays que se reúne regularmente em São Paulo e no Rio de Janeiro para trocar experiências e oferecer apoio mútuo. A ideia era fazê-lo perceber que não estava sozinho no seu dilema; que, apesar de todas as dificuldades e entreveros, a maior parte das histórias parecidas com a dele têm um final feliz.

Enquanto Carlos se dedicava a examinar e a reverter suas fantasias catastróficas sobre a perda do amor e do respeito dos filhos e a perceber o papel deletério que o medo desproporcional que se instalara em sua vida vinha lhe causando, fomos também identificando os recursos que tinha e dos quais nunca se dera conta. Como seus sonhos haviam lhe mostrado, por meio de saídas criativas e até inesperadas, nos concentramos no seu recurso mais poderoso, a força do vínculo que criara e sempre mantivera com os filhos.

Em minha opinião, esse vínculo, forjado no amor, na confiança e no respeito às singularidades de cada um, que os havia mantido juntos e próximos mesmo depois da separação do casal, possibilitaria o enfrentamento do conflito e das eventuais consequências que a revelação pudesse desencadear na dinâmica familiar. Por mais difícil que fosse, Carlos precisava confiar nas raízes profundas que haviam fincado juntos e, sobretudo, acreditar que elas seriam suficientemente fortes para sustentar a tempestade que ele temia.

Carlos já se revelou para seus filhos e sua ex-mulher e se sente profundamente aliviado. A reação deles acabou sendo muito menos traumática do que ele supunha. Se de início sentiram-se desconfortáveis com a novidade, com o passar das semanas o constrangimento deu lugar à curiosidade. Sua ex-mulher disse-lhe que já desconfiava, mas preferiu não invadir sua intimidade nem expô-lo a uma situação para a qual ele não parecia estar preparado. Seus filhos, depois da surpresa inicial, passaram a lhe perguntar como e quando ele se descobriu gay e como essa revelação poderia afetar o relacionamento entre eles. Mostraram-se também preocupados com o sofrimento e as dificuldades que o pai teve de enfrentar para chegar onde chegou, demonstrando compaixão e um desejo genuíno de vê-lo feliz e em paz com sua natureza afetivo-sexual. Conversaram muito, se emocionaram e fortaleceram os laços afetivos e o relacionamento. O próximo passo será apresentá-los a Júlio, e ao que tudo indica isso acontecerá em breve.

Asas do desejo

Sinto-me profundamente angustiado e culpado em relação à minha vida sexual. Por mais que eu tente não consigo me livrar de desejos que considero pervertidos e de práticas sexuais das quais me envergonho. Acho que sofro de compulsão sexual e tenho medo de passar o resto dos meus dias lutando contra isso sem conseguir ser feliz.

BRUNO, 37 ANOS

■ A angústia e o sofrimento de Bruno refletem uma realidade emocional muito frequente entre homens gays e estão entre os principais sintomas que os levam a procurar ajuda profissional. Em virtude de terem sua identidade sexual fortemente atrelada a um padrão de desejo, por si só, considerado desviante, e do reconhecimento social positivo vinculado a um padrão de comportamento sexual e afetivo heteronormativo, muitos desses indivíduos se veem enredados num conflito de difícil solução.

Por um lado, movidos por desejos e fantasias que encontram espelhamento, veículos e espaços de realização na comunidade sexual a qual pertencem, por outro, sentem-se envergonhados e culpados por se deixar levar por esse desejo que, em geral, não atende suas expectativas internalizadas ao longo do processo de socialização. Crescem, quase sempre, lutando contra esse desejo que insiste em se manifestar, a despeito de seu querer, e em seu imaginário os torna vulneráveis e em risco permanente.

Ao mesmo tempo, vivendo num tempo e numa cultura altamente sexualizada, na qual a satisfação sexual e a realização de todos, ou quase todos, os desejos do corpo deixaram de ser uma escolha pessoal e se tornaram um objetivo a ser buscado por todos, os gays acabaram se tornando verdadeiros receptáculos das projeções sociais de uma vida livre e sem compromissos afetivos. Em consequência da maior visibilidade social que alcançaram nos últimos anos e da exposição, sobretudo pela mídia, de seu estilo de vida hedonista, passaram a carregar a fantasia da liberdade a que todos aspiram.

Todavia, embora muitos confirmem esse *status* de "libertinos" socialmente atribuído aos gays, exibindo-se sem camisa em clubes, participando de encontros em salas de bate-papo na internet ou utilizando aplicativos de celular para conhecer parceiros para sexo casual, e realizando suas fantasias menos ortodoxas em saunas e clubes de sexo, raramente o fazem sem sentir certa culpa e vergonha. Esse é o (alto) preço a pagar por carregar, sem muita consciência, a sombra social projetada neles. São esses sentimentos a raiz de conflitos como o vivido por Bruno.

A mesma sociedade que estimula a sexualidade livre e a apresenta como um produto de consumo ao alcance de todos estabelece padrões de normalidade e de aceitabilidade fortemente contaminados por um viés moral e reducionista que privilegia uma visão ainda muito heterocentrada. Cabe à psiquiatria, senhora absoluta do saber científico e porta-voz de interesses econômicos poderosos, determinar o que é saudável e o que é patológico, definindo padrões e categorias que explicam e definem nossa sexualidade.

A queixa que trouxe Bruno ao meu consultório é na verdade apenas a ponta do *iceberg* que nós, profissionais dedicados ao atendimento de homens gays, estamos habituados a ver. O *iceberg*, aqui empregado como metáfora para o que é desconhecido, ou seja, inconsciente, é formado pelo conjunto de fantasias, crenças, imagens, ideias e pensamentos associados de forma muito negativa com o desejo e o afeto homossexual. Esse conjunto é construído internamente a partir do espelho social que nos é apresentado e reapresentado o tempo todo pelas diferentes instâncias sociais – da família que nos rejeita, aberta ou veladamente, ao Estado que não nos reconhece, sem esquecer das religiões que nos condenam. Em consequência desse processo, que conhecemos como homofobia internalizada, passamos a ser guiados por sentimentos de culpa e de vergonha.

No nosso trabalho, Bruno e eu começamos examinando com a devida atenção seus sentimentos de culpa e de vergonha por sua vida sexual. Tentamos compreender por que esses sentimentos ocupam tanto espaço na sua psique, fazendo-o sofrer intensamente sem, entretanto, oferecer ferramentas para mudar seu comportamento e alterar suas práticas sexuais.

À medida que conversamos e aprofundamos nossas reflexões, Bruno foi percebendo que o que ele entendia como compulsão sexual poderia ser, na verdade, compreendido como um sintoma de sua homofobia internalizada. Explico: por ter crescido acreditando que homossexuais são indivíduos promíscuos por natureza, cuja identidade se estabelece de forma unilateral pela sexualidade, e que o amor verdadeiro entre dois homens não é possível, acabou desenvolvendo um padrão de atuação sexual por meio do qual reforça e valida suas crenças internalizadas. Seu comportamento sexual compulsivo nada mais é que uma tentativa de reduzir a ansiedade causada por sua homofobia num primeiro momento, mas acaba gerando mais culpa e mais vergonha em seguida. Essa situação faz que o ciclo se repita infinitamente.

A armadilha na qual Bruno e tantos outros se veem aprisionados é perigosa, pois impede o indivíduo de desenvolver uma identidade homoafetiva saudável que lhe permita de fato escolher, conscientemente, como lidar com seu desejo e compartilhar seu afeto. O padrão compulsivo é cego e atende as demandas inconscientes da homofobia internalizada. Seu autojulgamento, regido pelo núcleo homofóbico, o coloca como um pária de si mesmo, sem direito a uma integração entre seu querer e seu desejo e sem a possibilidade de viver sua sexualidade vinculada à afetividade compartilhada com outro homem.

Depois de vários meses de trabalho, Bruno pôde aceitar e integrar melhor seu desejo e seu afeto. Mesmo sem abandonar uma vida sexual intensa e diversificada, da qual não tem por que se envergonhar ou se culpar, ele se sentiu, pela primeira vez na vida, no comando de suas escolhas sexuais. O padrão compulsivo cedeu lugar a uma atitude nova e mais consciente, que lhe permite decidir o que faz ou não sentido para ele.

Ele aprendeu também a diferenciar o que considera saudável ou não com base em suas necessidades reais e circunstâncias de vida, e não nas expectativas internalizadas ou expressas pelos outros. Sente-se mais inteiro, livre e confortável com seu desejo.

A dor da traição

Nunca imaginei que isso pudesse acontecer comigo. Sempre confiei no Cadu e acreditava ter com ele uma relação totalmente transparente, sem qualquer tipo de segredo. Decidimos ter um relacionamento monogâmico, então fui fiel a ele, embora tenha tido desejo por outras pessoas e inúmeras oportunidades de traí-lo. Há duas semanas, vi em seu celular que ele havia instalado o Grindr[1]. Fiquei surpreso e chocado com as mensagens que ele vinha trocando e com os encontros que ele marcou com outros caras. Ao confrontá-lo, ele me garantiu que nunca havia dado continuidade a esses encontros, que só fazia esses contatos para se divertir um pouco. Não sei se acredito nele, não sei se quero acreditar. Estou arrasado.

PEDRO, 29 ANOS

■ A dor de Pedro é uma das mais difíceis de superar. Além da traição em si, há também a traição do projeto que ele acre-

---

[1] Aplicativo que pode ser instalado em celulares e tablets e permite localizar gays e bissexuais próximos do usuário.

ditava manter com Cadu. Projeto sonhado junto, que ambos declararam querer manter por alguns anos. A surpresa e o choque de descobrir que só ele cumpria uma das cláusulas do contrato conjugal colocaram Pedro num lugar de grande fragilidade emocional. Chegou à terapia ainda atordoado e sem saber o que fazer. Acreditar ou não na palavra do Cadu, agora que a confiança havia se quebrado, era apenas um dos motivos de sua angústia.

Pedro, como a maioria dos homens gays, aprendeu na adolescência, quando se descobriu gay, que relacionamentos homossexuais não duram, não sendo possível manter relacionamentos monogâmicos longos e estáveis. Acreditou, porém, que essa "verdade" coletiva não se aplicava a ele, e com esse pensamento passou a vida procurando um parceiro para provar aos outros e a si mesmo que com ele tudo seria diferente. Depois de algumas tentativas frustradas, conheceu Cadu, que pensava exatamente como ele.

Começaram a se relacionar e evitavam o chamado mundo gay. Eram muito críticos com aqueles que reproduziam o estereótipo que tanto abominavam. Sempre que possível, reafirmavam sua crença de que eram diferentes e de certa forma superiores, já que não se deixavam levar por hormônios e impulsos como a maioria dos gays que conheciam. Gostavam de se relacionar com outros casais héteros e procuravam manter um estilo de vida mais centrado em interesses culturais e sociais sem qualquer relação com ambientes ou acontecimentos da comunidade gay.

O início do meu trabalho com Pedro se concentrou principalmente no acolhimento à sua dor. Ele pôde, nessa fase, se conectar e expressar seus sentimentos de frustração, raiva, decepção e desesperança em relação aos relacionamentos gays. Sentiu-se amargurado e se condenou por ter sido ingênuo ao acreditar nas promessas do Cadu. Sentiu-se vitimizado, responsabilizando o companheiro e o mundo gay, em geral, por sua dor e seu enorme sofrimento.

À medida que fomos avançando, começamos a explorar mais profundamente suas crenças e fantasias sobre temas como amor, relacionamentos, sexualidade e liberdade. Conversamos sobre seus modelos familiares, sobre como foi se descobrir gay numa família tradicional e muito religiosa, suas primeiras experiências eróticas e sexuais, assim como sua relação com amigos e parceiros amorosos – até o encontro com Cadu, com quem decidiu estabelecer um relacionamento sério para toda a vida.

Nossas conversas ajudaram Pedro a perceber como era, na verdade, imaturo e inexperiente. Descobriu que muitas de suas crenças a respeito dos gays eram em grande parte defesas contra suas dificuldades em relação à sua homossexualidade. Aceitando apenas parcialmente seu desejo homoerótico, precisou enquadrá-lo numa categoria mais aceitável para si. Tornando-se um gay sério, "de família", diferente dos demais, se sentia menos mal consigo mesmo e, de quebra, era mais bem-aceito socialmente. Na sua fantasia, ele seria aceito mais facilmente, mesmo que com restrições, se seu relacionamento fosse estável e se seu parceiro tivesse o mesmo nível social e cultural que ele. Seria diferente dos outros gays, promíscuos e hedonistas, conforme o que prega o imaginário social.

Como estratégia psíquica para sustentar uma autoimagem em sintonia com suas crenças, Pedro precisou se afastar de sua sexualidade mais profunda. Imaginando-se casado, monogâmico e leal a seu companheiro, ele não podia, de acordo com sua lógica, imaginar ou fantasiar outras possibilidades afetivo-sexuais diferentes daquelas para as quais se programara. Dessa forma, protegeu-se de outros desejos e concentrou toda sua libido na viabilização da fantasia dominante.

Compreendendo essa dinâmica, Pedro passou a entender o que talvez tenha acontecido com Cadu. Assim como ele, Cadu pode ter sido vítima de sua própria sombra, ou seja, daquele conteúdo psíquico que, por ameaçar sua integridade psíquica, precisou ser reprimido, mas encontrou nas "brincadeiras" sexuais no Grindr uma forma de se extravasar. Ao que tudo indica, Cadu também se envergonhava de seus desejos oficiosos e precisava vivê-los escondidos do parceiro, para que ele não pensasse dele o que pensava de si mesmo.

Ao ampliar sua consciência sobre aspectos da sua sexualidade e de sua identidade como gay, Pedro foi capaz de pensar sua fantasia de um relacionamento estável com outro homem de uma forma mais real e menos defensiva. Compreendeu que a escolha de um relacionamento monogâmico não deve custar uma repressão cega aos desejos e às fantasias homoeróticas que constituem sua natureza mais criativa. Ela pode, sim, ser resultado de uma ponderação racional que leve em conta os diversos aspectos envolvidos num relacionamento compromissado pelo desejo que dois adultos têm de compartilhar a vida e o futuro.

Pedro e Cadu estão juntos e compartilham a tarefa de encontrar um novo caminho no qual possam ser verdadeiros consigo mesmos e com o outro sentindo-se inteiros, aceitando e lidando com suas dúvidas, inquietações, inseguranças e dificuldades, como todo casal deve fazer.

Dinâmicas perversas

Helena e eu nos apaixonamos de forma fulminante assim que nos vimos. Ela estava casada, tinha dois filhos adolescentes e, segundo ela, nunca havia tido um relacionamento com outra mulher. Começamos a nos encontrar às escondidas e em pouco tempo já não conseguíamos viver separadas. Ela jurava que se separaria do marido, mas o tempo foi passando e a cada dia inventava uma desculpa: ora eram os filhos que não me aceitariam, ora eram questões financeiras ou o medo da reação do marido. Fui ficando muito desapontada e resolvi romper o relacionamento. Ela se desesperou e prometeu resolver a situação. Já se passaram dois anos e continuamos na mesma. Quando tento deixá-la, ela se desespera e ameaça se matar. Eu cedo porque a amo, mas ela não consegue se libertar do casamento nem enfrentar os filhos. Nossa vida se tornou um verdadeiro inferno. Minhas amigas não entendem por que continuo nessa relação doentia, já que sou uma mulher livre e em condições de encontrar alguém também livre e disponível como eu.

NINA, 44 ANOS

MUITO ALÉM DO ARCO-ÍRIS

■ Helena e Nina, sem saber, repetem uma história muito comum entre mulheres. Helena, heterossexual, casada e com filhos já crescidos se descobre, na meia-idade, apaixonada por outra mulher. Nina, homossexual assumida, livre e disponível para encarar um relacionamento afetivo e sexual, sem saber exatamente por que, se rende aos encantos da outra e se deixa levar pela paixão, sem avaliar as dificuldades e os riscos de se envolver com uma mulher heterossexual, casada e com filhos.

Mulheres como Helena passam a vida muitas vezes sem se dar conta de que sentem atração por outras mulheres. Aprendem, desde muito jovens, a nomear seus interesses, afinidades e afetos por outras mulheres como amizade, considerando qualquer atitude ou comportamento mais íntimo, inclusive contato físico, uma expressão natural dessa condição. Seus desejos eróticos se voltam para os meninos e são predominantemente associados a fantasias românticas e à idealização do amor entre homens e mulheres.

Mesmo aquelas que conseguem diferenciar sentimentos e sensações eróticas que têm em relação a outra mulher tendem a elaborá-las como algo passageiro, uma fase adolescente que deve ser interrompida e esquecida em nome do destino como esposa e mãe que lhe está reservado. E, em última instância, lhe trará a felicidade prometida e sonhada coletivamente.

Só bem mais tarde, numa fase em que por motivos diversos, quando já cumpriram seu papel de esposa e de mãe, no momento em que precisam encarar suas frustrações com o casamento ou a solidão decorrente do crescimento dos filhos, permitem-se olhar para si e questionar se foram realmente felizes. É nessa hora que elas se dão conta (conscientemente) – ou se deixam ser atraídas (inconscientemente) – pela possibilidade de um amor homoafetivo.

Nina, por sua vez, sempre soube do seu desejo homoerótico e o viveu de forma livre, sem grandes culpas ou conflitos. Desde cedo decidiu que não teria filhos e se dedicaria à profissão, aos amigos, aos amores e às viagens. Nunca se deixou prender num relacionamento sério, embora tenha vivido algumas paixões e se envolvido emocional e afetivamente com muitas mulheres, transformando todas em amigas para sempre.

Ao me procurar, Nina veio em busca de uma explicação para essa mudança inesperada de padrão relacional, mas, sobretudo, de um socorro que a libertasse da prisão na qual se encerrara. Ama Helena, mas sabe que ela jamais se separará do marido nem conseguirá enfrentar os filhos. Quer deixá-la, mas não consegue. Mesmo percebendo a manipulação de Helena com suas crises de desespero e ameaças de suicídio, não pode se separar dela. Por mais que tente, não consegue achar graça em outras mulheres nem se imaginar envolvida com outra pessoa. Sente-se enfeitiçada e condenada a viver dividida e infeliz.

O meu trabalho com Nina se baseou em duas premissas. A primeira, de que os sentimentos que ela desenvolveu por Helena e sustentam essa dinâmica não são os de amor propriamente dito. Eles parecem atender mais a uma fantasia de poder. Isto é, a de ser capaz de vencer a disputa que, no seu inconsciente, ela trava com a família de Helena.

A segunda, mais complicada ainda, de que também inconscientemente ela inveja o que Helena foi capaz de conquistar e, portanto, ter Helena é a única forma de vir a ter o que deseja inconscientemente.

Cheguei a essas premissas depois de alguns meses de trabalho. Em nossos encontros semanais, pude também, com ela, analisar alguns de seus sonhos e examinar outros aspectos de sua vida não tão diretamente ligados ao relacionamento com Helena.

No início, foi muito difícil para Nina assumir seus desejos inconscientes de integrar sua orientação e identidade homoafetiva à sua intenção de formar uma família. Para uma mulher de sua geração, se assumir homossexual era totalmente incompatível com o anseio de ter uma companheira num relacionamento comprometido e socialmente visível, por meio do qual pudesse ter filhos. O normal e esperado na época era fazer exatamente o que ela fez, ou seja, deixar de lado um possível desejo de ser mãe, se envolver afetiva e sexualmente com outras mulheres como ela, dirigir sua energia para uma profissão que proporcionasse independência financeira e adotar um estilo de vida autossuficiente. Assim, seria independente, não teria de dar satisfações a ninguém e poderia seguir sua vida como bem desejasse.

Ao reconhecer que eu poderia ter alguma razão no meu raciocínio clínico, Nina pôde se conectar com essas questões para as quais nunca havia atentado. Lembrou-se da sua adolescência, fase em que precisou desenvolver as defesas psíquicas que, sem se dar conta, mantém até hoje, aos 44 anos. Embora tivesse escolhido não se envolver seriamente com ninguém, percebeu que tal escolha, na verdade, foi regida por uma defesa que certamente não faz mais nenhum sentido hoje.

Compreendeu, ainda, que as questões de poder se repetem em seus relacionamentos, o que acaba contaminando o amor e destruindo suas possibilidades de criar raízes e de manter e aprofundar uma relação simétrica.

Nosso trabalho ajudou Nina a enxergar sua relação com Helena de uma forma completamente diferente. Ainda que não tenha deixado de se sentir atraída por Helena nem de gostar dela, conseguiu interromper a dinâmica perversa que se estabelecera entre elas. Ao reconhecer e admitir suas projeções sobre Helena, percebeu que não precisava realmente dela para realizar seus desejos negligenciados no passado, que disputá-la com sua família não lhe traria uma vitória verdadeira. Com essa elaboração, foi capaz de não se deixar manipular por Helena nem se sentir refém de suas ameaças.

Estão separadas e, embora Nina tenha esperanças de que Helena se assuma para que possam retomar o relacionamento em outras bases, sente-se livre para experimentar novos relacionamentos e já verbaliza desejos e fantasias de formar uma família homoafetiva.

Quando o amor acaba

Não sei ao certo o que aconteceu, mas deixei de amá-la. Na verdade, isso não aconteceu de repente; já no último ano vinha me sentindo distante, sem nenhuma vontade de abraçá-la, transar ou mesmo conversar intimamente com ela. Não há nada de errado com a Ana, ela é a mesma pessoa por quem me apaixonei há cinco anos. Fui eu que mudei. Tenho me interessado por outras mulheres, mas me mantenho fiel por pura lealdade. Não sei como agir, tenho medo da reação dela e também de me arrepender caso venha a me separar. Medo de tomar a decisão errada e também de ficar sozinha.

BETE, 32 ANOS

■ Bete sofre por não poder amar Ana da forma que imaginou. Pensou que a amaria para sempre. Quando se conheceram, tudo se encaixou perfeitamente – e, de certa forma, ainda se encaixa. Ela não tem queixas sobre Ana, não foi machucada nem frustrada em suas necessidades afetivas e sexuais, sequer encontra um motivo claro para ter deixado de amá-la e desejá-la. Se pudesse, voltaria a fazê-lo e tudo seria como antes.

Infelizmente não funciona assim, e ela não sabe ao certo como lidar com a situação. Bete descobriu que não tem controle sobre os seus sentimentos, que o querer nem sempre coincide com o desejar. Ela gostaria de voltar a amar Ana, mas não consegue, por mais que lute contra seus sentimentos. Sente-se culpada e com medo de estar estragando sua vida e a de Ana. Teme pelo futuro e se corrói com fantasias de um arrependimento futuro.

Quando chegou à terapia, Bete me pareceu profundamente angustiada. Encolhida, abatida e sem enxergar qualquer perspectiva de solução para seu conflito. Manter o relacionamento sem amor lhe parecia muito difícil; enfrentar a ruptura e a iminente solidão, quase impossível. Sem contar a culpa por causar a Ana um sofrimento aparentemente sem sentido.

Propus a Bete que não tomasse nenhuma atitude por enquanto. Perguntei-lhe se seria capaz de sustentar a tensão do conflito até que tudo estivesse mais claro e ela se sentisse em condições de tomar uma decisão e implementar a solução que julgasse adequada. Minha proposta proporcionou-lhe alívio imediato e assim pudemos nos concentrar na análise do que se passava com ela.

No início, revimos sua história familiar e seus relacionamentos anteriores. Descobrimos juntos que, para ela, o amor é o mais nobre dos sentimentos, devendo os seres humanos basear nele suas mais importantes escolhas. Aos 32 anos, ela nunca tivera a oportunidade de refletir sobre a natureza fugidia que o amor pode tomar, já que aprendera desde muito cedo a respeitá-lo como uma força absoluta. Faltou-lhe a experiência do Eros cego e errante que, ao flechar os humanos, brinca com seu destino.

Quando conheceu Ana, Bete rapidamente reconheceu nela as inúmeras qualidades, físicas e de personalidade, que valoriza no ser amado e percebeu de imediato que poderiam formar um belo e longevo casal. O amor aconteceu e Bete passou a construir com Ana seu sonho de amor. Viveram felizes por quatro anos, acreditando que o que tinham juntas duraria para sempre. Não tinham grandes conflitos, se davam muito bem na cama, tinham amigos queridos e planos para o futuro. Até que, para Bete, o amor acabou.

À medida que trabalhávamos suas ideias, imagens e expectativas sobre o amor em geral e por Ana em particular, fomos percebendo como, de alguma forma, ela havia sido programada para encontrar um amor e a ele se dedicar diligentemente. Em uma de nossas conversas, lembrou-se de como sua mãe costumava se referir aos perigos da paixão, alertando-a para não se deixar levar por sentimentos fortes e impulsivos. Cresceu acreditando que o amor é algo que se cultiva ao longo da vida e cuja função é estabilizá-la diante das incertezas sobre as quais não temos controle.

Foi com esse *insight* que Bete se sentiu confiante para dar um passo maior no seu processo de autoconhecimento e compreendeu que o sintoma que a trouxe à terapia lhe indicava, na verdade, a necessidade de se abrir para uma percepção mais ampla de suas possibilidades amorosas. Embora não houvesse nada de errado em seu amor por Ana, sua alma parecia lhe chamar a experimentar novos sentimentos e emoções que estiveram adormecidos até aquele momento. O fim do amor por Ana indicava o fim de um estado anímico confortável, mas limitado. Encarar o medo da solidão e se colocar aberta a novas vivências amorosas era o desafio que se instalara no momento em que ela deixou de amar Ana.

Ao perceber que seu conflito era na verdade um chamado da alma para uma consciência mais ampla de sua humanidade, Bete se livrou de boa parte da culpa que a afligia em relação ao sofrimento que causaria a Ana e muniu-se de todos os seus recursos pessoais para atenuar, na medida do possível, sua dor. Reconhecendo e aceitando que a pior traição é aquela que se comete contra si mesmo, pôde enfrentar com a coragem necessária a difícil separação e o futuro incerto.

Só e feliz

Acho que devo ser anormal. A verdade é que não sinto necessidade nem desejo de ter um relacionamento estável com ninguém. Gosto de me relacionar afetiva e sexualmente com várias pessoas ao mesmo tempo, e mesmo quando me entusiasmo por alguém não crio fantasias ou planos de me comprometer. Adoro minha independência, tenho ótimos amigos e uma vida intelectual e social muito rica. Viajo, saio para baladas e namoro, e não quero me casar. O problema é que os amigos e os eventuais namorados acham que tenho algum problema mais sério, do qual não me dou conta.

GUILHERME, 38 ANOS

■ Guilherme, ao contrário de grande parte dos meus pacientes, não sofre por não conseguir ter um relacionamento estável, mas porque se sente julgado e até mesmo discriminado por não ter nem desejar ter um relacionamento. Por pensar e agir dessa maneira, se sente confrontado constantemente, tendo de ouvir desde diagnósticos como o de portador de dificuldades de intimidade até previsões catastróficas sobre seu futuro solitário. Ao se colocar fora do consenso social, reproduzido até mesmo por muitos de seus amigos gays, Guilherme se sente como uma espécie de apátrida e veio para a terapia se questionando sobre sua normalidade.

No nosso primeiro encontro, Guilherme se surpreendeu por eu não ver, em princípio, nada de errado com sua forma de pensar e conduzir sua vida afetivo-sexual. Acostumado com os julgamentos patologizantes frequentes do discurso psicológico, esperava uma atitude mais normativa de minha parte. Essa surpresa inicial lhe gerou um grande alívio emocional e, ao mesmo tempo, aguçou sua curiosidade a respeito de sua própria psicologia. O fato de não se sentir julgado nem avaliado o deixou à vontade para se debruçar sobre sua vida, seus desejos, suas ambições, dúvidas e escolhas. Com essa transferência inicial positiva, começamos bem nosso trabalho.

Quando disse a Guilherme que não via problemas em sua escolha, expliquei a ele que essa afirmação era apenas uma possibilidade, uma suposição, já que eu não o conhecia com a devida profundidade. Ela tanto podia ser uma escolha legítima, fruto de um grau razoável de autoconhecimento e de autoaceitação de sua natureza mais livre, mais autônoma, como uma forma de defesa contra medos e angústias das quais ele ainda não estava consciente.

Intuitivamente eu acreditava mais na primeira hipótese e ele talvez tenha captado meu inconsciente. Talvez seja esse o motivo de ter se sentido tão bem já no nosso primeiro encontro. De fato, à medida que fomos nos aprofundando em sua vida e em sua psicologia, percebemos uma natureza pessoal que se mostrara livre e curiosa desde os primeiros anos. Criado por pais muito presentes e afetuosos, mas que valorizavam sobremaneira a independência, a autonomia e a responsabilidade pessoal, Guilherme aprendeu desde cedo a tomar decisões e a responder pelas consequências. Foi um aluno brilhante e muito criativo. Era popular na escola e fazia muito sucesso com as meninas, em primeiro lugar, e mais tarde com os meninos. Enfrentou as questões relativas à sua orientação afetivo-sexual com uma tranquilidade incomum, tendo recebido o apoio dos pais e da família desde o começo. Graduou-se, foi morar no exterior por dois anos e é hoje um profissional muito bem-sucedido. Considera-se feliz e realizado em todas as áreas de sua vida.

Em nossas conversas sobre seus amores e relacionamentos, fui percebendo algumas características bastante interessantes. Ao contrário de muitos pacientes que se queixam dos defeitos e dos problemas de seus parceiros, motivo pelo qual acabavam se afastando, Guilherme sempre encontrava muitas qualidades nos seus afetos. Ora se encantava com a inteligência de um, ora se derramava pela doçura ou amorosidade de outro. Em vez de querer descartá-los, ele gostaria, se fosse possível, de mantê-los todos. Em geral eram os pretendentes que o dispensavam por não concordar com seu jeito de ser.

Acredito que Guilherme, sem se dar conta disso por falta de conhecimento, pudesse se encaixar no grupo poliamoroso em potencial, ou seja, indivíduos capazes de amar e de se relacionar afetiva e sexualmente com mais de uma pessoa ao mesmo tempo. Ao contrário da maior parte dos relacionamentos sem exclusividade sexual que pressupõem a monogamia emocional, os poliamorosos se permitem ter um envolvimento sexual e emocional com mais de um parceiro, desde que estes aceitem essa condição. Pelo fato de não conhecer as relações poliamorosas nem ter contato com alguém que se comportasse dessa forma, Guilherme jamais poderia se imaginar num arranjo dessa natureza. Na minha opinião, ele era, de certa forma, um patinho feio que ainda não se descobrira cisne.

Quando mencionei a hipótese que eu tinha em mente e lhe expliquei a natureza das relações poliamorosas, ele ficou bastante surpreso e se divertiu muito com a ideia. Embora não conseguisse se enxergar assumindo seriamente esse tipo de atitude, sentiu-se aliviado por não estar sozinho na sua forma mais livre de pensar e de agir com relação às questões afetivo-sexuais. De qualquer maneira, propôs-se a pesquisar na internet e tentar fazer contato com outras pessoas com perfil semelhante ao seu.

Felizmente, Guilherme, talvez em função da forma como foi criado, escapou de um destino a que são condenados muitos indivíduos com tal perfil, gays e héteros. Por acreditarem que a felicidade só existe para aqueles que encontram um parceiro ou uma parceira para sempre, passam a vida toda em busca desse ideal. Quando não o encontram sentem-se fracassados e amargurados. E o medo da solidão, principalmente nos anos de maturidade e velhice, faz que muitos permaneçam em casamentos ou relacionamentos desgastados, hostis e disfuncionais. Para não enfrentar o sofrimento do desconhecido, preferem se manter no sofrimento conhecido, na zona de conforto que empobrece a vida e machuca a alma.

Ao escolher a liberdade em vez da segurança, Guilherme corre o risco de não realizar o sonho coletivo do "juntos para sempre", mas ganha a possibilidade de viver inúmeras relações íntimas, férteis e muito significativas. Cumpre assim a demanda da alma, que é a de relacionar-se com amor, Eros e psiquê, e não necessariamente a do ego – que, regido pelos impositivos sociais, privilegia relacionamentos estruturados, exclusivos e longevos.

Quando um não quer

Estamos enfrentando um conflito sério e, por mais que tenhamos tentado, não conseguimos resolvê-lo sozinhos, o que nos tem causado muito sofrimento. Juntos há seis anos, temos um ótimo casamento. Nos amamos muito e nos damos superbem em praticamente todos as áreas da vida. Porém, há alguns meses Bernardo vem me propondo abrir o relacionamento, argumentando que sente falta de ficar com outros caras. E que depois de todos esses anos seria natural que tivéssemos uma liberdade sexual maior sem prejudicar nosso casamento. Embora eu concorde com ele racionalmente, tenho muito medo do que possa acontecer, pois vejo com frequência relacionamentos acabarem depois que a exigência da exclusividade sexual é abolida. Prefiro experimentar a frustração de não poder ficar com outros caras a correr o risco de desfazer meu casamento. Para mim, a sexualidade não é o fator preponderante num relacionamento estável e duradouro.

JÚLIO, 33 ANOS, E BERNARDO, 35 ANOS

■ Júlio e Bernardo vieram juntos para a terapia. Foi Júlio quem marcou a sessão e enfrenta o conflito vivido pelo casal. Para ele, que se sente pressionado por Bernardo, a terapia de casal pareceu ser a última cartada para fazer o companheiro desistir de sua proposta. Bernardo veio meio a contragosto, já que não acredita em outra solução que não seja a de Júlio ceder a seu desejo.

Em situações como a de Júlio e Bernardo, cada vez mais comum entre casais gays, os argumentos utilizados pelas partes costumam indicar visões acerca da relação entre amor e sexo, assim como valores pessoais, muito diferentes entre si. Os que desejam abrir o relacionamento são em geral aqueles que conseguem mais facilmente separar amor de sexo. Com uma psicologia mais masculina, pertencem ao grupo que acha que "uma coisa é uma coisa, outra coisa é outra coisa". Já os que resistem à ideia de dividir seu parceiro com outros tendem a ter muita dificuldade de separar esses dois aspectos. Para eles, sexo sem amor é vazio e, em geral, não conseguem sequer se excitar se não houver um pouco de romance, valorizando sobremaneira a paixão e a entrega amorosa. A intimidade sexual, para eles, precisa vir acompanhada da intimidade emocional.

O fato de Júlio e Bernardo decidirem procurar ajuda profissional é, a meu ver, um bom sinal. Muitas vezes esse conflito acaba "se resolvendo" com aquele que não quer cedendo àquele que quer, quase sempre pelo medo de vir a perdê-lo se não o fizer. Também muito frequentemente acaba perdendo-o mesmo assim, já que as dificuldades envolvidas na situação, aliadas aos arranhões causados na sua autoestima por não respeitar seus limites pessoais, criam feridas difíceis de ser curadas.

O trabalho com o casal constituiu-se de duas fases distintas. Na primeira, na qual concordaram em não tomar nenhuma decisão e em não discutir o assunto a não ser durante nossos encontros, procuramos aprimorar suas habilidades em escutar um ao outro e em expressar de forma clara e objetiva seus desejos, necessidades, sentimentos, dúvidas etc. Na segunda, tratamos mais especificamente de tentar encontrar uma saída para o conflito.

Durante a primeira fase, Bernardo pôde expor de forma mais aberta sua necessidade e seu desejo de ter uma vida sexual mais rica e diversificada, reforçando, porém, seu amor por Júlio e seu desejo de permanecer casado com ele. Explicou-lhe de novo que seu desejo por outros caras era apenas sexual, que não teria com eles qualquer tipo de envolvimento afetivo. Disse também que estava disposto inclusive a firmar com Júlio um contrato no qual estabeleceriam o que poderia e o que não poderia acontecer nesses encontros.

Júlio, por sua vez, pôde compartilhar com Bernardo seus medos, suas inseguranças e sua fantasia de que abrir o relacionamento acabaria levando ao fim do casamento. Explicou a ele que, por mais que compreendesse seu desejo, não conseguiria imaginá-lo compartilhando sua intimidade com outro homem. Em último caso, se não fosse mesmo possível demovê-lo da ideia, afirmou preferir não saber, já que o que os olhos não veem o coração não sente. Para ele, seria mais suportável viver uma hipocrisia, como tantos outros casais, do que aceitar um relacionamento no qual compartilhasse abertamente seu marido com outros homens.

Na segunda fase, quando passamos para a negociação em si, o grau de tensão entre eles alcançou o grau máximo. Bernardo se recusava a reproduzir, segundo ele, um padrão de relacionamento hétero, ultrapassado e hipócrita; Júlio não aceitava a ideia de abrir o relacionamento oficialmente, o que em sua opinião seria como assinar o fim da união.

Depois de várias semanas atolados nesse impasse, Júlio resolveu enfim propor uma alternativa que lhe pareceu "menos pior" e foi aceita por Bernardo com restrições. Júlio aceitaria experimentar inicialmente uma transa a três. Ou seja, em vez de cada um ir para o seu lado, como Bernardo desejava e propunha, eles ficariam juntos com um terceiro escolhido por ambos. Para isso, entrariam num site de encontros se apresentando como um casal em busca de um terceiro, marcando o encontro apenas se ambos concordassem com a escolha e com os termos do combinado com o outro.

Decidiram também estabelecer algumas regras que lhes dariam mais segurança e evitariam conflitos adicionais. Entre elas, a de evitar qualquer expressão íntima de afeto, como beijos, carinhos e elogios que não fossem de cunho claramente sexual, a identificação pelos nomes verdadeiros e, sobretudo, a ideia de que poderiam se ver de novo. Seria um encontro de pura "sacanagem", com princípio, meio e fim negociados desde o início. E por último, mas não menos importante, interromperiam o encontro a qualquer sinal de dúvida ou desagrado de um dos dois.

Embora Bernardo tenha considerado a situação proposta por Júlio muito engessada, sem espaço para qualquer espontaneidade, o que, segundo ele, tornaria o sexo mecânico e "sem pegada", resolveu aceitar na esperança de ser um primeiro passo. Ele acredita que Júlio, à medida que for quebrando suas barreiras e seus preconceitos, poderá mudar de opinião e até mesmo vir a gostar desse novo formato de relacionamento – que, para ele, é mais rico, satisfatório e bem mais divertido.

Será? Isso é o que veremos nas próximas sessões.

Quando uma não quer

Vivemos um impasse e por isso viemos lhe procurar. Estamos casadas há seis anos, nos amamos e temos planos de passar a vida juntas. Mantemos um bom relacionamento com nossas famílias e temos todo o apoio delas e dos nossos amigos. Somos ambas bem-sucedidas profissionalmente e levamos uma vida divertida e bem movimentada. Gostamos de viajar, de sair para jantar com amigos e de ir a uma balada de vez em quando. O problema que enfrentamos é que a Carol insiste em ter um filho e eu não tenho o mesmo desejo. Embora a ideia de ser mãe não seja tão aversiva para mim, não me sinto disposta, pelo menos neste momento, a abrir mão da vida que levamos e assumir uma responsabilidade que é para toda a vida. Ela tem me pressionado porque acha que o tempo está correndo e que se não decidirmos agora ela não poderá ser mãe biológica, que é o que sempre desejou.

BIA, 38 ANOS, E CAROL, 37 ANOS

■ O problema enfrentado por Bia e Carol tem-se tornado cada vez mais frequente entre mulheres gays com idade por volta dos 40 anos. Por terem crescido em tempos mais tolerantes com a homossexualidade e atingido a independência pessoal, profissional e, sobretudo, financeira, por volta dessa idade, muitas delas se sentem no direito de desejar o que para mulheres de outras gerações era praticamente impossível: a maternidade por meio de um casamento homoafetivo. Até há pouco tempo, é bom lembrar, homens e mulheres gays costumavam se imaginar pais e mães por meio de arranjos com amigos e amigas, respondendo assim a uma expectativa social de garantir a presença das duas figuras parentais para a criança. A ideia da família homoparental como possibilidade viável e saudável é uma conquista muito recente, embora ainda bastante frágil no imaginário social em geral e no dos gays em particular.

Bia e Carol têm pela frente uma tarefa difícil. Será que conseguirão conciliar seus desejos, interesses e expectativas em relação ao futuro juntas? Para Carol, esse futuro inclui um filho ou uma filha. Abrir mão desse sonho a deixará, provavelmente, bastante frustrada, e há uma grande chance de vir a responsabilizar Bia por isso no futuro. Já para Bia, um filho ou uma filha nesse momento significaria transformar sua vida atual e seu futuro de uma forma que não deseja, gerando uma responsabilidade que não se sente capaz de assumir. Atender o desejo de Carol significa colocar em risco sua felicidade e seu bem-estar, preço que aparentemente ela não está disposta a pagar.

Em situações como essa, o trabalho do terapeuta é encorajar e orientar um diálogo no qual ambas possam se sentir seguras o bastante para expressar medos, fantasias, inseguranças e expectativas em relação a si mesmas, ao relacionamento e ao conflito em questão. É preciso também avaliar se elas estão verdadeiramente dispostas a examinar os diferentes pontos de vista, as diversas alternativas e os possíveis desfechos, inclusive se a separação for a única saída. No nosso contrato inicial estabelecemos as condições, os cenários e as regras que devemos seguir para garantir que o diálogo seja honesto e verdadeiro.

Ao longo das sessões, Bia e Carol se mostraram muito comprometidas com o processo terapêutico e se dedicaram corajosamente a mergulhar nos aspectos mais complexos e sombrios do relacionamento e do conflito que as trouxe à terapia. Vieram à tona questões de ordem familiar, como as dificuldades que Bia encontra na relação com os pais de Carol – que, na sua visão, são muito invasivos e manipuladores; de cunho sexual, como quando Carol reclamou da falta de interesse de Bia; e até mesmo ligadas ao trato do dinheiro do casal, como o fato de Bia se sentir mais preocupada e envolvida no planejamento do futuro financeiro do casal.

À medida que caminhamos, foi ficando cada vez mais claro para ambas que todas essas questões – que estavam na sombra do relacionamento, pois aparentemente não causavam grandes problemas – impactavam o conflito referente à maternidade. Uma das preocupações de Bia, por exemplo, era a de que os pais de Carol se intrometeriam demasiadamente na criação do(a) filho(a) e ela acabaria sendo deixada de lado como uma mãe secundária. Outro medo, até então inconsciente, era o de que, com a chegada da criança, Carol deixasse de amá-la e se dedicasse total e completamente ao(à) filho(a). Bia, por sua vez, reconheceu que um dos motivos que a levavam a desejar tão intensamente um filho biológico era o medo de ficar sozinha no futuro. Para ela, sendo homossexual e, portanto, não tendo se casado conforme as expectativas familiares, um(a) filho(a) biológico(a) seria uma espécie de salvo-conduto para o amor e o respeito de seus pais. Seria uma segurança para o futuro incerto de uma mulher sozinha.

O mergulho de Bia e Carol em todas essas questões, que só afloraram em razão do comprometimento com a verdade e da coragem de enfrentá-la, sem nenhuma garantia de solução satisfatória para o conflito que viviam, permitiu que pudessem abordá-lo com toda a complexidade e profundidade. Diferentemente de muitos casais héteros que são levados a ter filhos quase por inércia social, elas foram, de certa forma, obrigadas a refletir sobre a maternidade de uma forma muito mais profunda e responsável.

Bia e Carol ainda não encerraram seu diálogo. Decidiram não abandonar o projeto da maternidade, mas concordaram em examinar todas as variáveis envolvidas e considerar todas as possibilidades. Adiaram por um ano a decisão final enquanto procuram trabalhar as questões que estavam subjacentes ao conflito. Têm estado mais atentas às necessidades uma da outra, além de se esforçar para aparar as arestas do relacionamento. Perceberam que fortalecendo o relacionamento, sentindo-se mais seguras, mais próximas e menos vulneráveis a fantasias e medos irrealistas, estarão mais bem preparadas para decidir o que é melhor para cada uma e também para o casal. Bia parece muito mais inclinada a abraçar o projeto da maternidade com Carol e esta, sem se sentir pressionada psicologicamente pela passagem dos anos, está mais flexível em relação à escolha do método que empregarão.

Amores plurais

Conheci um cara fascinante com quem me envolvi depressa. Ele é inteligente, carinhoso, sexy, culto e muito bem relacionado socialmente. Temos muitas afinidades e nos divertimos bastante quando estamos juntos. Ele me trata com carinho, se preocupa em satisfazer minhas vontades e o sexo é ótimo, frequente e variado. O problema é que ele diz que não quer ser meu namorado, embora queira me namorar. Ele afirma que não consegue, e não deseja, namorar apenas uma pessoa por vez. Acha muito normal amar mais de uma pessoa ao mesmo tempo e não pretende se comprometer com ninguém em particular. Diz que, quando está comigo, está comigo por inteiro, mas quando não está, se sente livre para amar outra pessoa. Não consigo entender. Não sei se dou conta de segurar uma relação como essa.

LÉO, 34 ANOS

■ A reação de Léo à atitude de Samuel, o cara com que ele está envolvido, não é de estranhar. Afinal, Samuel, além de pensar e de agir de forma absolutamente não convencional, ainda o faz com enorme segurança e franqueza. Suas convicções e atitudes são expostas e defendidas não como provocação ou defesa, mas como uma escolha genuína de quem sabe o que deseja para si.

A confusão que Léo experimenta tem fundamento, pois a atitude de Samuel foge aos padrões comuns esperados em relações amorosas, mesmo naquelas menos convencionais, como as que admitem a não exclusividade sexual. Neste caso, trata-se de uma não exclusividade amorosa, o que significa um passo (bem) além no que diz respeito à liberdade individual no contexto relacional.

Relações triangulares, explícita ou implicitamente acordadas, são frequentes, mas em geral carregam um viés negativo e, embora toleradas pela hipocrisia social, costumam ser mantidas na sombra familiar. No caso dos casais heterossexuais, situações com essas são muitas vezes toleradas em função de interesses de várias ordens e em muitos casos funcionam como uma espécie de âncora que ajuda a preservar a segurança familiar.

Logo após as mudanças geradas pela chamada revolução sexual, sobretudo nas décadas 1960 e 1970, as relações abertas passaram a ser praticadas por grupos de vanguarda, como os *hippies*, por exemplo, mas funcionaram, de forma geral, como experimentos de uma juventude que, ao chegar à maturidade, trocou-as pelo modelo tradicional. Dessa revolução e desses experimentos ficaram inúmeras e importantes mudanças nos costumes, mas o modelo monogâmico, ainda que muitas vezes praticado de forma seriada, permaneceu como o ideal para a grande maioria dos casais.

Samuel, não sabemos bem por quê, descobriu muito cedo, e aparentemente sem grandes conflitos, que não poderia, ou melhor, não desejaria limitar sua potência amorosa a apenas um amor de cada vez. Por ser gay, talvez ele tivesse imaginado que não precisaria ter um amor em cada porto, mas vários amores no mesmo porto, desde que para isso encontrasse quem se dispusesse a aceitar sua maneira de amar. O que Samuel, e certamente também Léo, não sabe é que essa maneira de amar tem hoje um nome, poliamorosidade – isto é, o desejo e a capacidade de amar e de se relacionar amorosa e sexualmente com mais de um parceiro sem alimentar os sentimentos de posse e de exclusividade comuns nos relacionamentos tradicionais –, e é cada vez mais aceita e praticada por grupos de vanguarda comportamental. Alguns desses grupos se encontram e se organizam nas comunidades virtuais e têm-se tornado cada vez mais visíveis e presentes nas cenas dos grandes centros urbanos, tanto aqui como no exterior.

Nada disso, porém, resolve o problema de Léo. Por mais que ele compreenda, e até aceite racionalmente os argumentos de Samuel e minhas observações sociológicas, não há como fazê-lo abandonar de uma hora para outra suas fantasias de ter um homem pra chamar de seu. A ideia de compartilhar o homem que ama com outros homens e abrir mão da expectativa, ainda que ilusória, de ter controle sobre seu objeto amoroso simplesmente não cabe na sua psicologia atual. Não foi isso que aprendeu com seus pais ou ouviu de seus amigos. E não é isso que vem fantasiando e imaginando ao longo de todos esses anos.

O trabalho que proponho a Léo não é o de buscar uma solução rápida para seu conflito, livrando-o assim do sofrimento, mas o de ajudá-lo a examinar com mais profundidade as várias questões que se apresentam subjacentes à situação na qual ele se encontra. Minha expectativa é a de que, sustentando seu conflito interno por algum tempo, ele possa aproveitar a oportunidade para rever e possivelmente reelaborar suas crenças, fantasias e expectativas sobre o encontro amoroso. Mesmo que conclua, o que é bem provável, que não deseja ou que não se sente capaz de viver um relacionamento poliamoroso, ainda que ame e deseje Samuel, poderá sair dessa experiência revigorado e com maior amplitude de possibilidades amorosas criativas.

O ponto central do conflito me parece ser a fantasia de controle e de posse do outro que Léo, assim como tantos outros, alimenta em seus relacionamentos. Nesse sentido, o encontro com Samuel, que ele respeita e admira, pode ser uma ótima oportunidade para que ele reflita sobre essa fantasia e sobre as dificuldades causadas por ela no plano da realidade amorosa. Samuel, embora se declare livre para amar mais de uma pessoa e defenda sua independência, não recusa a entrega ou a intimidade amorosa. Ao contrário, é exatamente por se sentir livre e não desejar a prisão do outro a quem ama que se abre de forma mais intensa e profunda à experiência amorosa. Não desejando possuir o outro nem se deixar possuir por ele, sente-se mais livre para viver o amor e o sexo sem cobranças nem expectativas.

Não há como negar que a escolha de Samuel não é fácil nem que sua forma de amar e de se relacionar amorosamente não atende às necessidades e aos desejos da maioria dos indivíduos. Mas compreendê-la e aceitá-la como uma forma legítima e saudável – para ele e para os tantos outros como ele – me parece muito promissor, pois nela está plantada a semente de uma transformação criativa dos modelos tradicionais que, como sabemos, podem ser profundamente aprisionadores.

Depois de alguns meses de trabalho, Léo chegou à conclusão de que Samuel não é mesmo o companheiro que deseja para si. Resolveu terminar o relacionamento, mas não quer se separar completamente dele. Pretende manter a amizade e o convívio frequente, pois reconhece a importante contribuição que ele trouxe para que compreendesse os variados caminhos que os relacionamentos podem trilhar. Na sua breve relação com Samuel sentiu-se amado, desejado e respeitado e, de quebra, desafiado a quebrar certezas e a ampliar sua perspectiva da vida a dois (ou a três).

Ele está agora, seis meses mais tarde, namorando outro cara, não tão ousado como Samuel, mas muito mais aberto e criativo do que os que costumava namorar antes de conhecer o ex-parceiro. Na minha opinião, com a qual ele parece concordar, sua história com Samuel, apesar de breve, foi muito bem-sucedida.

Quando contar

Sinto-me numa armadilha difícil de desarmar. Estou muito envolvido com o Beto e, ao que tudo indica, o sentimento é recíproco. Desde o primeiro encontro nossa química combinou em tudo. Temos diversos interesses em comum, inúmeras afinidades e até mesmo um senso de humor muito parecido. Percebo que o relacionamento tem tudo para se desenvolver e por mais que procure não consigo encontrar nenhum defeito nele. O problema é que já estamos juntos há quase seis meses e ainda não tive coragem de contar a ele que sou soropositivo. Sei que não há riscos de contaminá-lo, pois além de tomar todos os cuidados sigo rigorosamente o tratamento e, portanto, minha carga viral é indetectável. Alguns amigos acham que eu não preciso contar até ter certeza absoluta de que nossa união vai dar certo, mas tenho medo da reação dele. Não sei o que fazer.

TÉO, 26 ANOS

■ Penso que Téo acertou em cheio quando descreveu sua situação como uma armadilha. De alguma forma ele percebe que sua atitude de não revelar ao Beto sua soropositividade o coloca numa sinuca de bico. Explico: ao decidir não contar logo no início do namoro, ele assumiu o risco de, talvez inconscientemente, fazer o relacionamento não dar certo para não ter de enfrentar a situação de se expor e vir a ser rejeitado. Agindo assim, é muito provável que ele acabe encontrando defeitos no Beto ou descubra alguma outra dificuldade que o faça concluir que o relacionamento não teria mesmo futuro – o que reforçará assim sua crença inicial e validará sua decisão de se proteger de uma exposição desnecessária.

Essa armadilha na qual Téo se colocou é muito comum e tem origem no estigma social que a soropositividade ainda carrega, mesmo depois de todo o progresso alcançado pela medicina no trato das questões relacionadas ao HIV. Por mais que se tenha demonstrado a universalidade do risco de se contrair o vírus, o grupo dos homossexuais masculinos continua, pelo menos em alguns países da Europa, nos Estados Unidos e no Brasil, a ser percebido socialmente como aquele com a maior incidência de contaminação. Além disso, o fato de a contaminação se dar, nesse grupo, por via sexual, amplifica a carga emocional negativa associada ao HIV e à aids e reforça os estereótipos da homossexualidade como uma sexualidade descontrolada e de alto risco.

O foco inicial das nossas sessões foi o de ajudá-lo a identificar com maior clareza e a expressar abertamente seus sentimentos de medo, culpa e vergonha pelo fato de ser gay e, agora, de ser um gay soropositivo. Como tantos outros de sua geração, Téo atravessou com certa facilidade o processo de se assumir gay, mergulhando prontamente numa cultura bastante autocentrada e com defesas sociais bem estruturadas. Ao se juntar com tantos outros como ele numa vida animada, festiva e sexualmente livre, ele, de certa forma, se anestesiou das dores de um enfrentamento mais duro da realidade de uma sociedade heteronormativa e muito homofóbica. O fato de ter tantos amigos nas redes sociais, participar de festas, diversões variadas e muito sexo, o protegeu de vivenciar conscientemente sentimentos de vergonha e de culpa por ser diferente, como tantos outros no passado recente vivenciaram durante boa parte da vida, se não a vida toda.

O problema é que esses sentimentos que ficaram submersos como uma forma de autodefesa acabaram aflorando intensamente quando ele foi diagnosticado com o HIV e assim obrigado a enfrentar outras questões além de sua orientação sexual. Com o diagnóstico veio o medo da doença e sua inevitável exposição social, além da fantasia de uma morte prematura. Veio também a vergonha de ter de admitir, primeiro para seu médico e depois para todos, que era gay e contraíra a doença por conta das múltiplas relações sexuais sem o devido cuidado. E por último, mas não menos importante, a culpa por fazer seus pais sofrerem e por não corresponder às suas expectativas em relação a ele, a suas escolhas e a seu futuro como continuador do sangue familiar.

Numa das sessões, depois de alguns meses de trabalho, Téo trouxe um sonho muito revelador. Nele ele se encontrava num buraco escuro, uma espécie de bueiro, e percebia que uma enorme quantidade de esgoto estava prestes a cair sobre si. Assustado, ele tentava escapar, mas não conseguia, pois o buraco era estreito e sem saídas, tinha apenas a abertura por onde o material descia. Acordou então sobressaltado e muito angustiado. Na associação feita por ele, o sonho poderia indicar a necessidade de ter de se conectar com esse material sujo e malcheiroso que ameaçava desabar sobre sua cabeça. Certamente, isso estava relacionado com seus sentimentos e sua atitude em relação à soropositividade e a necessidade de ter de lidar com esse conteúdo na sua relação com o Beto.

Uma vez consciente desses sentimentos e de como eles, mesmo inconscientes, contaminavam sua autopercepção e influenciavam de forma perigosa suas atitudes e ações, ele começou a ponderar sobre de que maneira poderia se sentir diferente em relação a si mesmo e à sua condição de soropositivo. Ao reconhecer que sua orientação sexual e sua soropositividade não deveriam ser vivenciadas como aspectos desqualificadores, dos quais deveria se envergonhar ou se sentir culpado, foi adquirindo maior autossegurança e se sentindo menos aprisionado no bueiro no qual caiu e se manteve por tanto tempo.

Assim, certo de que não gostaria de se manter nesse estado e munido de coragem e determinação, resolveu revelar sua soropositividade para o Beto e assumir o risco de ser rejeitado. Agora menos contaminado por seus sentimentos de inferioridade, ponderou que o risco era inevitável e, portanto, não valeria a pena viver angustiado, com medo e se sentindo culpado por estar omitindo uma informação importante para o futuro da relação.

A decisão de se revelar para o companheiro e as consequências dela não acabaram com o sofrimento de Téo, mas lhe trouxeram enorme alívio, pois lhe permitiram também quebrar um padrão antigo que o condenava a encontrar defeitos nos outros para não ter de confrontar seus medos e sua angústia.

A reação de Beto foi relativamente tranquila, mas suscitou nele dúvidas e insegurança. Ainda que racionalmente não visse problema na condição de sorodiscordantes, já que conhecia e convivia com outros casais na mesma condição, não teria como afirmar se conseguiria ou não encarar a situação com um baixo nível de conflito interno. Mas, como acreditava que valia a pena tentar, decidiram continuar juntos pra ver no que dá.

Luto sem fim

Minha vida tornou-se um verdadeiro martírio. Eu e Bia estamos juntas há 35 anos, mas há muito tempo ela sofre de uma doença degenerativa e praticamente não interage mais comigo, embora mantenha um nível razoável de consciência. Vivemos as duas com o auxílio de uma cuidadora que fica com ela enquanto resolvo as inúmeras questões de ordem prática. Como nossas famílias nunca aceitaram nosso relacionamento, ficamos sós, tínhamos apenas alguns amigos, mas que com a condição dela acabaram se afastando. Somos ambas aposentadas e nossa situação financeira é precária. Tenho estado bastante deprimida e muito cansada. Alterno sentimentos de profundo desânimo, raiva, pena e solidão. Eu a amo, mas não sei mais o que esse amor significa de fato. Tenho medo que ela se vá, mas ao mesmo tempo desejo que tudo termine, pois não aguento mais.

IZABEL, 67 ANOS

■ Izabel veio buscar ajuda encaminhada por sua psiquiatra. Medicada e em tratamento há alguns anos, chegou sem saber ao certo como eu poderia, se é que poderia, ajudá-la a enfrentar uma situação para a qual não via qualquer saída. Abatida, com a respiração muito curta e visivelmente constrangida por seus sentimentos contraditórios e pouco nobres, Izabel despertou em mim profunda compaixão.

Reconheci em mim a dúvida quanto a ser capaz de ajudá-la, já que não havia como não negar a complexidade da situação. Mas também reconheci meus medos, minha angústia e meu desamparo em relação ao tema do envelhecimento, da decadência física e psíquica e da solidão diante da morte inevitável. Ao reconhecer em mim sentimentos muito semelhantes aos que ela descrevia, pude me aproximar da sua dor de outra maneira, com um genuíno desejo de mergulhar com ela na dor, ajudando-a a transformá-la num sofrimento com algum sentido. Poderíamos, se ela concordasse, explorar juntos essa difícil descida ao mundo de Hades e, dessa jornada, se bem-sucedidos, emergiríamos com a alma engrandecida e mais bem equipados para enfrentar a dura realidade que se instalara em sua vida.

No início do nosso trabalho, Izabel dedicava-se a me contar sobre suas dificuldades práticas do dia a dia, cuidando da Bia, das questões da casa, da dificuldade financeira que enfrentavam com todos os custos para manter os tratamentos médicos etc. e a descrever seus sintomas, tais como desânimo, cansaço, irritabilidade, dores articulares e insônia. Depois de algumas semanas e de várias tentativas frustradas, consegui que ela começasse a me contar sobre seu passado com Bia. Como se conheceram, como foi o início da vida em comum, o que tiveram de enfrentar em função de sua orientação sexual, suas grandes alegrias e conquistas, seus sonhos e projetos realizados ou não realizados. Ao tirá-la momentaneamente da identificação com o sofrimento e a dor, pudemos resgatar uma história rica e com importantes realizações, a despeito das dificuldades e dos desafios que precisaram enfrentar para viver juntas num tempo em que isso era bem mais complicado.

Izabel e Bia, sem se dar conta, reagiram de forma muito defensiva quanto à sua orientação sexual. Ao afastar-se da família, que não as aceitou como um casal homoafetivo, decidiram não se revelar socialmente, mesmo naquelas situações nas quais compartilhavam alguma intimidade. Para todos os efeitos e para praticamente todos os conhecidos heterossexuais, eram duas amigas solteiras que dividiam o apartamento. Mantinham quartos separados e jamais demonstravam qualquer afeição em público.

Com os poucos amigos próximos, todos homossexuais, viajavam regularmente, saíam para jantar, iam ao teatro e ao cinema. Pouco antes de se aposentar conseguiram realizar o sonho de comprar uma pequena casa nas montanhas, onde pretendiam viver quando parassem de trabalhar. Tudo ia muito bem até Bia começar a apresentar os primeiros sintomas da doença. Isso foi mais ou menos dois anos depois da compra da casa.

A partir daí, tudo mudou e elas passaram a se dedicar a visitas a incontáveis especialistas e à realização de um sem-número de exames até que o diagnóstico fosse fechado e o prognóstico sombrio apresentado. Desde então correm contra o tempo, enfrentando um tratamento agressivo e uma rotina de cuidados que só aumentam com o passar dos dias. Como não são um casal de fato, foram também obrigadas a lidar com as limitações que um relacionamento entre amigos impõe diante das questões práticas e legais. Só agora, bem recentemente, um pouco antes do agravamento do quadro de Bia, decidiram firmar uma parceria civil que lhes permite manejar de modo mais adequado as situações que envolvem decisões legais e financeiras. A ausência das famílias, a recusa de Bia de envolvê-los mesmo na situação-limite na qual se encontram e o isolamento social que adotaram ao longo dos anos tornou tudo mais difícil e doloroso.

Com o passar dos meses, Izabel conseguiu deixar as queixas de lado e passou a se conectar profundamente com seus sentimentos e suas emoções, identificando-os de forma mais discriminada e expressando-os mais claramente, sem receios nem autocensuras. Em determinado momento começou a escrever uma espécie de diário e a trazê-lo para as sessões. Além de escrever sobre seus sentimentos, suas dúvidas e suas angústias, passou a anotar também seus sonhos, que começaram a ficar mais nítidos e frequentes, e a fazer uma espécie de colagem com recortes de revistas, citações que a tocavam e algumas pequenas ilustrações feitas por ela mesma. Chegava muitas vezes excitada com os *insights* produzidos na elaboração do seu diário e sentia grande satisfação em poder compartilhá-los comigo.

Com base no material escrito e colado no diário, pudemos conversar sobre os temas que lhe afligiam e se apresentavam concreta e simbolicamente em sua vida nessa etapa tão difícil e dolorosa. Além dos medos, como o da morte – a de Bia e sua própria –, o de seu futuro sozinha, sem ninguém que possa cuidar dela como ela vem cuidando de Bia e o da falta de dinheiro para enfrentar a velhice, conversamos também sobre os recursos que ela pode resgatar para enfrentar tudo isso. Falamos de suas necessidades espirituais que haviam sido negligenciadas, de sua criatividade – expressa, por exemplo, nos belos textos e nas colagens que produzira em seu diário – e de sua enorme capacidade de se doar e se relacionar afetivamente com aqueles a quem ama.

Falar de modo livre sobre sua dor, seus medos e sua angústia ajudou Izabel a diminuir a pressão interna e a começar a redirecionar sua energia psíquica para o futuro. Ao imaginar um futuro, mesmo ainda muito incipiente, ela foi capaz de se descolar do presente difícil e doloroso e a sonhar com novas possibilidades. Decidiu criar uma conta numa rede social para se reconectar com velhos amigos e, quem sabe, fazer novos. Resolveu também iniciar um curso de expressão criativa que lhe foi recomendado por um ex-aluno, com quem cruzara numa de suas idas ao cinema, hábito que retomou recentemente.

Izabel continua a sofrer com altos e baixos. O quadro de Bia se deteriora a cada dia e a rotina de cuidados intensivos permanece excruciante. Há dias em que ela se sente profundamente desanimada e expressa seu medo de não conseguir suportar mais esse luto sem fim. Mas há outros em que é capaz de recobrar alguma alegria e a esperança de um futuro melhor. Conciliada com seus sentimentos ambivalentes e ambíguos em relação à Bia e à situação, vem desenvolvendo a capacidade de enfrentar cada dia como um novo dia, sem autocobranças excessivas nem muitas culpas, mas também sem deixar de imaginar um futuro melhor.

Só com machos

Aconteceu de novo. Quando conheci Marco, fiquei absolutamente seduzido por sua masculinidade. Sua forma de me abordar na balada, sua pegada sexual e, o que é fundamental para mim, a ausência total de trejeitos femininos e de uma atitude que demonstra que o indivíduo é gay. Tem cara e atitude de homem, como eu gosto. Porém, à medida que fomos nos envolvendo um pouco mais, ele foi se tornando cada vez mais feminino na sua maneira de agir no relacionamento. O que me pareceu gracinha na primeira semana começou a me irritar sobremaneira nas semanas seguintes: SMSs de bom-dia, bom almoço e bom descanso à noite; falta de iniciativa na proposição de programas e submissão total aos meus desejos e ao que ele julga serem minhas necessidades; passividade e certa carência afetiva que se expressam na forma de uma solicitação constante que me faz sentir cada vez mais sufocado. Marco é uma ótima pessoa, com qualidades inegáveis, mas parece que, como das outras vezes, e pelo mesmo motivo, vou acabar perdendo o interesse e caindo fora. Será que o problema sou eu?

GIL, 34 ANOS

■ A pergunta-desabafo de Gil faz todo sentido e indica que, ao fazê-la, ele está no caminho certo. Mas a resposta não me parece muito simples e talvez deva ser respondida com um sim e um não.

Sim porque é evidente que há em Gil uma atitude psicológica homofóbica que o faz rejeitar uma representação social negativa do feminino que ele atribui aos gays de forma geral e a Marco em particular. Esta, sem que ele saiba como nem por que, faz que depare com a mesma situação de forma recorrente. Não porque a atitude de Gil é em grande parte resultante de um processo de opressão social a que são submetidos os gays e se mantém por meio das imagens fortemente estereotipadas internalizadas e projetadas no imaginário coletivo. Por maior que seja a consciência dessa opressão tão antiga e sistemática, é quase impossível para homens e mulheres gays que vivem em uma cultura heteronormativa não ser, em maior ou menor grau, afetados de forma deletéria por essas imagens degradantes e bastante arraigadas na psique coletiva.

A "bicha" como o feminino e o "sapatão" como o masculino deformados e caricatos fazem parte desse universo imaginário que sustenta atitudes como a de Gil e de tantos outros. "Se é pra ser gay" – já que essa escolha não parece possível para a maior parte dos indivíduos –, "que seja pelo menos um gay masculino ou uma lésbica feminina". Esta parece ser a ideia e o querer subjacente às críticas feitas tanto por héteros quanto pelos próprios gays.

Tendo como pano de fundo a compreensão mais ampla do problema e de seus reflexos nos sintomas pessoais que trouxeram Gil à terapia, começamos a explorar mais detalhadamente a situação vivida por ele com base em sua história pessoal, nas circunstâncias que o formaram, moldaram seu caráter e desenharam suas fantasias, desejos e expectativas relacionadas à sua vida amorosa, afetiva e sexual. Debruçamo-nos sobre suas experiências iniciáticas e, sobretudo, sobre seu processo de se perceber, se aceitar e se assumir gay, no início para si mesmo e depois para a família e os amigos.

Gil, assim como muitos outros com uma problemática semelhante à sua, teve grande dificuldade de se aceitar como gay. Criado em uma família de classe média com valores religiosos e dinâmica tradicional, teve de enfrentar, desde cedo, situações difíceis relacionadas ao alcoolismo do pai e todas as consequências decorrentes dessa condição. Em função dessas dificuldades, precisou assumir responsabilidades familiares, inclusive financeiras, ainda muito jovem, o que o obrigou a se tornar adulto precocemente. A situação acabou também aproximando e unindo a família de forma extremamente defensiva.

Começou a namorar ainda adolescente e fazia enorme sucesso entre as meninas por ser do tipo "bem masculino". Bom nos esportes, independente na parte financeira desde jovem, seguro e boa-pinta, adquiriu fama de pegador e se tornou objeto do desejo de muitas delas. Ficou com muitas, namorou algumas, mas não se comprometeu de verdade com nenhuma. Enquanto isso, sublimava seus desejos homoeróticos por meio de relações platônicas "com amigos do peito" e dava vazão às suas fantasias num sexo solitário e carregado de culpa. Só bem mais tarde, já vivendo numa cidade grande e longe da família, permitiu-se experimentar encontros furtivos com outros homens, mas sempre depois de ter bebido muito e em situações nas quais não haveria nenhuma possibilidade de criar alguma intimidade que não a sexual.

Passaram-se alguns anos até que Gil conseguiu aceitar e reconhecer para outros homens sua orientação homossexual. De lá pra cá, foi aos poucos se envolvendo com o "mundo gay", mas sempre de forma seletiva e muito julgadora e discriminatória em relação àqueles menos masculinos, "afetados" ou visivelmente gays. Se autoidentificando como "macho que gosta de macho", vem tentando encontrar um companheiro. Porém, como descreveu na sua fala inicial, acaba se envolvendo sempre com homens que se mostram, de uma forma ou de outra, mais femininos do que ele gostaria.

O trabalho com Gil, além de ser focado nos seus complexos homofóbicos mais centrais – que o impedem de se relacionar de forma profunda com outro homem –, tem também se concentrado nos motivos inconscientes que o fazem "escolher" um outro que aparentemente não tem as características e as atitudes que ele tanto despreza a princípio mas depois acaba demonstrando, sendo também rejeitado por isso, o que reforça e confirma, dessa forma, sua crença negativa sobre a masculinidade dos gays.

Por meio das nossas conversas semanais, Gil foi percebendo que, embora em sua consciência ele rejeite o padrão relacional mais feminino, na realidade psíquica inconsciente ele o deseja e o busca de forma compensatória. Isto é, por ter se desenvolvido tão fortemente masculino na sua atitude consciente diante da vida, torna-se necessário que ele, inconscientemente, encontre e viva seu padrão relacional feminino projetado no companheiro. Gil foi também capaz de identificar que a imagem de um feminino carente e dependente – como o vivido por sua mãe, como esposa de um alcoólatra – estava afetando sua percepção e seu julgamento das atitudes e dos comportamentos dos homens com quem se relaciona.

Como essa dinâmica se dá sem que ele perceba, há o risco de ela se tornar crônica, tal como um destino do qual ele nunca consiga se livrar. E é por isso que tentamos torná-la consciente, colocando-a sob o controle de sua consciência e consequentemente ampliando suas possibilidades relacionais.

Hoje, Gil consegue compreender melhor e discriminar mais adequadamente o que na sua atitude é determinado pela homofobia e pelo preconceito internalizado e o que reflete gosto ou preferência. Já percebeu que sua masculinidade excessiva, embora possa ser um capital no jogo da sedução e da conquista no "mundo gay", pode ser também uma armadilha perigosa. E, mais importante, já se coloca de forma menos defensiva em relação ao padrão relacional feminino, reconhecendo que o desejo de proximidade e de intimidade amorosa, a empatia e a capacidade de acolher e atender ao querer do parceiro e a expressão genuína de sentimentos podem ser vivenciados de forma saudável e complementar ao padrão masculino. Não é mais necessário que ele se defenda tanto do que teme por não reconhecer nem aceitar em si o que constitui a quintessência da conexão amorosa.

Outras narrativas

PARTE 2

"Porque quem ama nunca sabe o que ama
Nem sabe por que ama, nem o que é amar."

FERNANDO PESSOA

Atração fatal

■ Bernardo, na sua fala de *check in* (na qual cada participante do grupo de terapia conta aos demais como se sente naquele dia e sobre o que gostaria de conversar na sessão) foi bem dramático: "Me sinto como a personagem da Glenn Close no filme *Atração fatal*. Ando tão desesperado que chego mesmo a ter fantasias de matar Paulo e depois acabar comigo".

A fala de Bernardo tinha o objetivo de atualizar o grupo sobre a evolução da saga amorosa e sexual na qual ele tem estado envolvido nos últimos dois anos. Tudo começou quando ele se viu como o objeto do intenso desejo de um jovem que o "achou" num site de encontros e o transformou numa instigante obsessão. Há muitos anos num relacionamento já desgastado pelo tempo e com baixa carga erótica, Bernardo se encantou com a obsessão apaixonada de Paulo e se deixou envolver na trama amorosa que, segundo Paulo, estava escrita nas estrelas. Acasos, coincidências, afinidades de outras encarnações e, sobretudo, muita paixão moldaram o relacionamento que preenchia com vida o cotidiano desanimado que Bernardo acreditava viver.

Sentindo-se preso afetivamente ao companheiro de tantos anos e seguro do vínculo profundo que os unia, mas ao mesmo tempo arrebatado pela força animadora do vulcão despertado por Paulo, Bernardo ousou uma jogada ambiciosa, porém muito arriscada: trouxe Paulo para morar com ele e o companheiro. Num primeiro momento, mediante um arranjo triangular nada isométrico, no qual um dos vértices desconhecia a natureza erótica da relação entre ele e Paulo. O tempo foi passando e Paulo, com seu jeito sedutor e ao mesmo tempo carente, acabou conquistando também o coração do companheiro de Bernardo, investindo o triângulo de um caráter mais amplo e se alternando em dois papéis: o do amante (com Bernardo) e o do filho (com o companheiro de Bernardo).

Tudo parecia ir muito bem, até que um belo dia Paulo mudou seu comportamento. De apaixonado obcecado por Bernardo passou a amante distante e evasivo, senhor de seu lugar privilegiado no triângulo do qual passara a ser o centro regulador, sentindo-se amado e protegido como talvez jamais tivesse sido. Paulo achou que era hora de explorar novos mares. Não demorou muito para que fosse pego numa traição aparentemente sem importância, mas que lançou Bernardo numa jornada de dor e desespero. Era este agora quem se debatia em surtos obsessivos e fantasias de morte. Não conseguia mais imaginar sua vida sem ele, mas também não podia perdoar a traição nem recuperar a confiança perdida.

O grupo se inquieta com a fala de Bernardo e se põe a discutir as possíveis saídas para a armadilha na qual ele se vê irremediavelmente preso. Alguns, talvez aqueles mais identificados com a tese do grande amor, defendem que Paulo é apenas imaturo e não tardará a reconhecer o verdadeiro valor de Bernardo. Torcem por um final feliz que alivie sua dor e elimine suas angústias diante da tragédia imaginada. Outros, mais pragmáticos e defendidos, não veem outro caminho senão o da separação definitiva. Apostam na morte simbólica de Paulo como única defesa contra a morte literal que assombra a alma atormentada de Bernardo.

A sessão acaba e Bernardo corre para o celular para checar se há mensagens de Paulo. Talvez ainda leve algum tempo até desatar esse nó que o sufoca e o amarra à condição de vítima do próprio destino. Ele sofre pela perda, real ou imaginária, de Paulo, pela dor de seu companheiro que a tudo assiste impotente, mas, sobretudo, pela perda de sua identidade – agora terceirizada de forma perigosa na de Paulo. Pode ser necessário que ele se afunde um pouco mais até que possa voltar a respirar por conta própria e se dar conta do significado que tal mobilização anímica intensa tem para o seu crescimento. Ele terá de olhar para dentro de si não em busca de uma solução para o conflito, mas de uma compreensão profunda da finalidade psíquica do conflito no qual se colocou. Terá de ver sua atração fatal por Paulo pela perspectiva de sua alma. E, do ponto de vista da alma, o descaminho é quase sempre o único caminho para o verdadeiro encontro consigo mesmo.

Ninguém quer nada sério

■ Davi é um paciente de pouco mais de 40 anos cuja principal queixa é a de não "conseguir um namorado". Passamos boa parte das nossas sessões conversando sobre suas tentativas, sempre frustradas, de conhecer e principalmente de estabelecer uma relação mais profunda com outro homem. Entre as várias explicações que Davi propõe para a sua dificuldade, uma chama a minha atenção: a de que ninguém quer nada sério.

Para embasar seu argumento, Davi desfia uma série de histórias nas quais sempre se vê no papel de vítima de um "golpe" que, segundo ele, é a norma nos sites de relacionamento. Esse golpe consiste numa estratégia posta em prática pela grande maioria dos internautas gays para disfarçar sua verdadeira motivação, que é, na visão dele, a simples e pura aventura sexual, sem qualquer envolvimento afetivo. Nas situações relatadas por ele, embora a conversa inicial gire sempre em torno do desejo de estabelecer uma relação séria, seu desenrolar acaba levando inevitavelmente à sexualização e à pergunta crucial: "O que você curte na cama?"

A resposta a essa questão poderá, ainda segundo ele, anular todas as outras afinidades que porventura o "casal" venha a ter, definindo assim o futuro da relação. E, nos poucos casos em que o encontro acontece de fato, a compatibilidade sexual de novo será o fator determinante. Na sua experiência, é raro que haja um segundo encontro, o que confirma sua tese de que, a despeito da intenção declarada, o que eles querem mesmo é apenas sexo.

À medida que vamos aprofundando o tema, percebo que Davi, embora tenha mesmo razão de se queixar (afinal, todos nós sabemos como o jogo do amor pode ser complexo e complicado), não é realmente a vítima que acredita ser. Na verdade, ao analisarmos com o devido cuidado a dinâmica na qual ele recorrentemente se envolve, descobrimos um lado para ele desconhecido e muito ameaçador de sua psicologia. Na ânsia de encontrar o homem dos seus sonhos, Davi utiliza, ainda que de forma inconsciente, os mesmos recursos que mais tarde rejeitará no outro. Ou seja, a sexualidade. Da escolha do *nick* às fotos com as quais se apresenta e às decisões que toma em nome do projeto de encontrar o namorado, tudo é planejado com muito cuidado para atrair e seduzir sexualmente o candidato. Embora o discurso seja o do namoro sério e do romance, sua atitude é sexual, mesmo que de modo implícito, o que acaba definindo, ainda que inconsciente, um campo psicológico também marcadamente sexual.

Penso que Davi, assim como muitos outros homossexuais, está na verdade inconscientemente aprisionado a uma visão muito redutiva (e negativa) da homossexualidade. Segundo essa visão, a homossexualidade, por ser a expressão de uma sexualidade instintiva e portanto desprovida de um sentido mais profundo, em geral atribuído à heterossexualidade, limita-se à satisfação do desejo e do impulso sexual. Em decorrência dessa perspectiva psicológica, ancorada de maneira clara na homofobia internalizada, se estabelece uma hipervalorização da função sexual em detrimento de outros aspectos da energia erótica. Desde muito cedo aprendemos que o verdadeiro amor só se dá numa relação entre um homem e uma mulher, e também que se deve separar o afeto da intimidade amorosa da atividade sexual. Cindimos nosso Eros e o deslocamos para um sexo quase sempre desprovido de alma. Buscamos (muitas vezes compulsivamente) na atuação sexual uma forma de conexão que só a intimidade amorosa pode nos dar. É a homofobia moldando a matriz de nossos relacionamentos.

Ainda que Davi reafirme querer uma relação de intimidade amorosa com outro homem, na prática ele não sabe como buscar ou sustentar tal intimidade. Ao lançar mão da sexualidade como o mais importante atributo no processo de atração e de sedução (como aprendeu no passado e reaprende todos os dias no convívio com outros gays) e se submeter às regras do "meio", sem ao menos se dar conta disso, estabelece um padrão de resposta bastante previsível e extremamente frustrante. Para se livrar dessa armadilha, ele terá de deixar de culpar o outro (e o "meio") por seu fracasso, rever sua atitude e alterar sua forma de lidar com as questões do amor. Aí talvez ele possa encontrar alguém que de fato queira algo sério.

Só os maduros

■ Entre as várias reclamações que Roberto costuma desfiar em nossas conversas semanais, a de não ser compreendido e apoiado por seus amigos em relação às suas escolhas amorosas parecia ser a que o estava incomodando mais nas últimas sessões. Aos 26 anos, bonito, inteligente, independente financeiramente e bem resolvido em relação à sua orientação sexual, ele só consegue se interessar amorosa e sexualmente por homens bem mais velhos. Para seus amigos, essa preferência não faz sentido e indica algum tipo de patologia. Roberto sofre com essa atitude e já começa a se perguntar se de fato há algo de errado com o seu desejo.

Essa questão tornou-se particularmente importante nas últimas semanas, depois que ele conheceu e iniciou um relacionamento amoroso com um homem de pouco mais de 50 anos. Os dois foram apresentados por um amigo comum numa balada e a atração mútua foi imediata. Saíram de lá juntos e não se separaram desde então. O problema é que Roberto, a fim de evitar as críticas dos amigos, vem mantendo o relacionamento escondido e, portanto, tem se afastado cada vez mais deles. Além de se sentir desconfortável por estar mentindo para amigos queridos, ele sente falta da companhia deles e de poder compartilhar com eles sua felicidade.

Ao que tudo indica, pelo menos a princípio, não há nada de errado com o desejo de Roberto. Assim como muitos outros jovens, ele se sente atraído por um complexo arranjo de atributos e qualidades que só homens mais velhos podem oferecer. Essa atração, que busca conciliar as polaridades *puer* (jovem) e *senex* (velho), é arquetípica e pode ser a base de um trabalho de desenvolvimento psíquico mútuo e poderoso. Pode trazer para o relacionamento possibilidades de autoconhecimento e de aprofundamento que uma relação mais simétrica no grau de maturidade muitas vezes não permite. Vista pelo lado criativo, pode representar uma etapa importante no processo de amadurecimento para o jovem e de resgate da jovialidade para o maduro.

Pode também, em alguns casos, esconder uma armadilha perigosa, pois talvez indique uma "fixação" da energia erótica num único padrão de desejo (infantil), que é, então, recorrente e sistematicamente dirigido a uma representação do "pai". Ou seja, um padrão que não está a serviço do amadurecimento psíquico do indivíduo, mas da perpetuação de uma atitude psicológica que o mantém aprisionado a um estágio inicial do desenvolvimento. Indivíduos nessa situação costumam estar sempre em busca de um pai real (não simbólico), que os sustente tanto na parte física como na afetiva e os proteja das adversidades da vida adulta.

Esse não me parece ser o caso de Roberto. Bem-sucedido profissionalmente, independente e com a vida adulta em ordem, ele não precisa de um pai. Aliás, sua relação com seu pai biológico é saudável e enriquecedora para ambos. Ele o admira e reconhece nele um espelho positivo e consistentemente afirmativo para suas escolhas tanto profissionais como amorosas. Será essa a chave para a compreensão do desejo de Roberto? Talvez! Mas sinceramente não acho que faça muita diferença identificar uma "causa" para a sua preferência amorosa – que, como tantas outras, é fruto de uma interação complexa de fatores psicológicos.

O meu trabalho com Roberto tem caminhado na verdade em outra direção: a de compreender melhor sua dificuldade de enfrentar abertamente seus amigos e de defender diante deles seu direito legítimo de desejar e, sobretudo, amar só os maduros.

Mar de ressentimentos

■ Desde o nosso primeiro encontro Luca insiste na tese de que há algo de muito errado com ele. Com pouco mais de 30 anos, está desempregado, com uma vida social empobrecida e sem nenhum amor em vista. Sua única distração é uma atividade sexual compulsiva e de alto risco, vivida com muita culpa e permeada por sentimentos profundos de autodesprezo.

Terceiro e último filho de uma família de classe média, Luca cresceu acreditando não ser amado ou admirado por sua mãe, cuja vida se resumia, segundo ele, a lidar com as enormes dificuldades de um casamento infeliz e de um marido alcoólatra. Sua relação com o pai era não apenas distante como de grande animosidade. Relata ter se sentido abusado emocionalmente na infância e na adolescência, tanto pelos pais que o criticavam constantemente quanto pelos colegas da escola e amigos do bairro. Suas lembranças mais vívidas são carregadas de sentimentos de inadequação e de humilhação.

Uma vez formado, Luca decidiu tentar a vida fora dos domínios familiares. Já na cidade grande, assumiu-se homossexual e passou a frequentar o chamado meio gay, com uma clara preferência por ambientes mais "barra-pesada" e se engajando em atividades sexuais que o colocavam em situações com certo risco de ser flagrado (lugares públicos) ou mesmo de sofrer danos físicos ou psicológicos. Entre essas práticas, que foram com o tempo se tornando mais frequentes e mais perigosas, estão o consumo de drogas e o envolvimento com grupos marginais. Nunca namorou firme nem se sentiu de verdade amado por alguém.

Quando chegou à terapia, Luca já se encontrava numa espiral descendente abrupta. Em vias de perder o emprego – o que de fato aconteceu alguns meses mais tarde –, com um diagnóstico de HIV, distante da família, sem amigos, mantendo uma vida sexual compulsiva e usando drogas, ele não via nenhuma saída. Sem uma consciência clara a respeito de seu papel na confecção da trama de sua vida, sentia-se completamente identificado com o papel de vítima, conseguindo apenas culpar seus pais e a sociedade homofóbica pela situação na qual se encontrava. Segundo ele, o sexo e as drogas eram sua única válvula de escape, mas não conseguiam eliminar seus sentimentos negativos e seu estado psicológico depressivo. Gostaria de mudar de vida, desenvolver uma nova carreira profissional, ter amigos e um namorado, mas se sentia incapaz de ativar em si próprio a energia necessária para essa empreitada.

Luca apresenta um padrão psicológico fortemente ancorado no ressentimento e na mágoa. Tendo como origem os sentimentos de rejeição e de exclusão, esse padrão consome grande parte da energia psíquica que deveria estar

MUITO ALÉM DO ARCO-ÍRIS

disponível para que ele realizasse as mudanças que tanto deseja. Como isso não é possível, permanece aprisionado a um estado de impotência existencial, responsabilizando os outros por sua infelicidade crônica. Suas práticas sexuais compulsivas e perigosas, em vez de trazer o alívio esperado, apenas atualizam as experiências de abuso e humilhação do passado.

Embora esse padrão possa ser encontrado em pacientes de ambos os sexos e com diferentes orientações sexuais, ele tende a ser recorrente na clínica homossexual. Pacientes gays frequentemente relatam a experiência de ter sido rejeitados ou sofrido abusos de ordem física, emocional e até mesmo sexual, tanto na infância quanto na adolescência. Para alguns desses indivíduos, essas vivências de rejeição, de exclusão e de abuso podem danificar de tal forma o tecido psíquico em formação a ponto de torná-los totalmente incapazes de ter um relacionamento amoroso saudável e simétrico. Passam então a vida ressentidos, repetindo de maneira inconsciente situações de abuso e alimentando de modo secreto desejos de vingança. A fantasia de vingança é para eles a única possibilidade de redenção imaginada, já que não conseguem se libertar do passado nem se transformar e se reinventar como adultos responsáveis por suas escolhas.

Para Luca, assim como para muitos outros acorrentados a esse padrão, a saída psicológica só será possível por meio da mobilização da energia psíquica criativa e potencialmente transformadora que se encontra estagnada e submersa no mar de ressentimentos no qual ele flutua à deriva. Se tiver a coragem e a determinação necessárias para mergulhar nessas águas profundas e enfrentar seus monstros mais temidos, ele poderá descobrir os tesouros e ativar os recursos de que tanto necessita para reparar a ferida e finalmente olhar para a frente.

Quando o tesão acaba

■ Bruno (nome fictício), gay assumido há oito anos, chegou com a seguinte queixa: não conseguira ainda estabelecer um relacionamento estável com outro homem. Sofria com a frustração de não ter esse anseio satisfeito e se perguntava o que haveria de errado com ele. Lamentava-se pelos inúmeros fracassos contabilizados e sonhava com o dia em que não precisaria mais sair "à caça", pois todas as suas necessidades afetivas e sexuais seriam satisfeitas pelo namorado.

Depois de dois anos de muito trabalho psicológico envolvendo um autoexame cuidadoso, muita coragem e determinação, Bruno estava finalmente em condições de realizar seu desejo. Conheceu Rodrigo, apaixonou-se e com ele iniciou um relacionamento nos moldes que sempre imaginara. Rodrigo parecia ser o par ideal. Carinhoso, atencioso, amante apaixonado e um ótimo companheiro, com quem era possível, enfim, cultivar a intimidade amorosa pela qual tanto esperou. De fato, por alguns anos tudo correu muito bem. Passaram a viver juntos, estabeleceram uma rotina satisfatória para ambos, viajavam, divertiam-se e, sobretudo, experimentavam um prazer genuíno na convivência cotidiana. Eram, em todos os sentidos, um casal muito bem-sucedido.

Porém, com o passar dos anos, embora o relacionamento continuasse a se aprofundar significativamente, o sexo entre eles foi ficando cada vez menos frequente, até quase não acontecer mais. A princípio, Bruno atribuía a ausência do sexo à falta de oportunidade por conta das atribulações da vida diária. Cansaço, estresse no trabalho, dificuldades financeiras e problemas familiares, entre outros, "explicavam" a situação enfrentada pelo casal. Demorou algum tempo para que Bruno admitisse para si mesmo que o desejo sexual, que um dia fora muito intenso, já não existia mais. O amor que ele sentia por Rodrigo permanecia o mesmo, mas a pulsão sexual havia se esvaído e ele se sentia perdido diante dessa constatação. Como "resolver" esse dilema passou então a ser o tema das nossas conversas.

O conflito vivido por Bruno e Rodrigo é muito frequente em relacionamentos estáveis, sejam eles gays ou héteros. Entretanto, nos casais de gays masculinos ele costuma adquirir uma intensidade maior, seja por envolver dois homens (culturalmente mais sexuais do que as mulheres), seja por ter como fundo uma cultura bastante calcada na sexualidade e na liberdade individual (em geral sem as restrições sociais associadas ao casamento tradicional). Para a maioria dos casais gays, embora o anseio por intimidade amorosa esteja presente, a sexualidade costuma desempenhar um papel preponderante no estabelecimento e na manutenção do vínculo amoroso. Em geral sem as "amarras" decorrentes das obrigações do casamento e da paternidade, os relacionamentos gays tendem a ser mais frágeis diante das adversidades naturais de uma relação estável e de longa duração. Daí talvez a crença coletiva (preconceituosa) de que relacionamentos gays não duram.

Se por um lado podemos enxergar essa fragilidade como uma característica apenas negativa, por outro podemos reconhecer na sua natureza instável uma ótima oportunidade para o desenvolvimento de formas criativas e singulares de enfrentamento do conflito entre o aprofundamento amoroso e o desgaste da vida sexual. Nessa perspectiva, somos capazes de reconhecer os inúmeros avanços que os relacionamentos gays estáveis representam e o significado transformador que carregam nos múltiplos arranjos singulares que propõem. Já que não há um padrão social dominante, por que não inventar e reinventar continuamente modos de viver e conviver que preencham nossas necessidades mais profundas e satisfaçam nossos desejos mais autênticos?

Bruno e Rodrigo têm uma difícil e estimulante tarefa pela frente. Ao encarar o conflito e suportar a inevitável tensão entre forças aparentemente antagônicas (a de permanecer juntos e a de buscar uma nova paixão), poderão encontrar um caminho saudável e enriquecedor. Terão de rever seus conceitos e preconceitos, ajustar expectativas e reformular os padrões que não mais atendem às suas necessidades. Se decidirem apostar no amor e na intimidade que desenvolveram ao longo do tempo, precisarão encontrar uma nova sexualidade que os aproxime e não os afaste cada vez mais. Poderão "abrir a relação", estabelecer novos jogos eróticos consentidos mutuamente, optar pela prática de monogamia emocional, estabelecer regras e limites pessoais, além de tantas outras possibilidades. Mas terão de conversar, negociar, decidir juntos e, sobretudo, se comprometer a acatar o combinado, pelo tempo em que o acordo fizer sentido para ambos. Se escolherem se separar, levarão consigo a sensação de ter vivido uma experiência amorosa plena e a certeza de que serão capazes de reconstruir a vida com um novo parceiro. Qualquer que seja a resolução, ambos estarão mais fortalecidos e mais bem preparados para lidar com os desafios e as complexidades das relações envolvendo amor e erotismo.

Agradecimentos

À querida amiga Yara Azevedo Prandi, apoiadora incondicional do meu trabalho e presença constante e carinhosa na nossa vida familiar.

A Eliana Audi, querida irmã de coração que vem cuidando de mim e me mimando por quase 40 anos.

À querida amiga Edith Modesto, que vem desempenhando com amor, carinho e cuidado o papel de mãe afetiva que lhe foi outorgado por minha querida mãe antes de partir.

Ao querido amigo Fernando Prandi, que generosa e carinhosamente fez a foto da capa deste livro.

Aos meus pacientes, que me confiam suas histórias e com quem venho me surpreendendo, me emocionando e enriquecendo minha vida.

Aos meus queridos pets, Mike e Cléo, com os quais me desligo do mundo de fora e me religo ao mundo de dentro.

www.gruposummus.com.br